Nachtrag

zur 20. Auflage

Sydow-Busch-Krantz

Zivilprozeßordnung

und

Gerichtsverfassungsgesetz

Enthaltend

die durch den VI. Abschnitt der Dritten Verordnung des Reichspräsidenten vom 6. Oktober 1931 eingetretenen Änderungen

und

die Fortsetzung der Erläuterungen der ZPO. und des GVG.

Berlin und Leipzig 1932.

Walter de Gruyter & Co.

vormals G. J. Göschen'sche Verlagshandlung — J. Guttentag, Verlagsbuchhandlung — Georg Reimer — Karl J. Trübner — Veit & Comp.

Archiv-Nr. 21 3 003.

A. Dritte Verordnung des Reichspräsidenten zur Sicherung von Wirtschaft und Finanzen und zur Bekämpfung politischer Ausschreitungen.

Vom 6. Oktober 1931 (RGBl. I S. 537/563).
Nebst Anmerkungen.

Von den nachfolgenden Vorschriften im Kap. I des 6. Teiles sind nach § 18 die §§ 9, 12 bis 14 mit dem 15./10. 31, die übrigen Paragraphen nach Teil 8 § 2 mit dem 8./10. 31 in Kraft getreten. Übergangsvorschriften: §§ 13 Abs. 2, 17 Abs. 3, 19.

Sechster Teil.

Rechtspflege.

Kapitel I.

Vereinfachung und Ersparnisse.

A. Strafrechtspflege.

Verweisung von großen Sachen an das Landgericht.

§ 1.

(1) Für Verbrechen und Vergehen, die an sich zur Zuständigkeit der Amtsgerichte gehören, sind als erkennende Gerichte erster Instanz die großen Strafkammern zuständig, wenn eine Voruntersuchung stattgefunden hat und die Staatsanwaltschaft bei Einreichung der Anklageschrift die Eröffnung des Hauptverfahrens vor der großen Strafkammer beantragt. Die Staatsanwaltschaft soll den Antrag nur stellen, wenn die Hauptverhandlung, insbesondere mit Rücksicht auf die Zahl der Angeklagten oder der zu vernehmenden Zeugen oder Sachverständigen, voraussichtlich mehr als sechs Sitzungstage in Anspruch nehmen wird.[1]

(2) Auf die Hauptverhandlung finden die für die Hauptverhandlung vor dem Schöffengericht geltenden Vorschriften Anwendung.[2]

[1] Die eröffnende Strafkammer (§ 73 Abs. 1 GVG.) ist, falls eine Voruntersuchung geführt und hinreichender Tatverdacht gegeben ist (§ 203 StPO.), an den Antrag der Staatsanwaltschaft gebunden, sie kann also nicht das Verfahren vor dem Amtsgericht eröffnen (§ 209 Abs. 1 S. 1 StPO.). Eine Nachprüfung, ob die Staatsanwaltschaft die voraussichtliche Verhandlungsdauer richtig geschätzt hat, steht ihr nicht zu. Die Staatsanwaltschaft kann den Antrag bis zur Eröffnung des Hauptverfahrens nachholen und zurücknehmen. Vgl. die ähnlichen Vorschriften der §§ 25 Abs. 1 Nr. 2, Abs. 2, 29 Abs. 2, 134 Abs. 3 GVG. und die Anmerkungen hierzu, ferner die Übergangsvorschrift in § 19. Beantragt die Staatsanwaltschaft Außerverfolgungsetzung, will die Strafkammer aber das Hauptverfahren eröffnen, so hat sie der Staatsanwaltschaft zuvor Gelegenheit zu geben, den Antrag auf Verweisung an das Landgericht zu stellen. Die große Strafkammer entscheidet in der Besetzung mit drei Richtern und zwei Schöffen (§ 76 Abs. 2 GVG.). Wegen der Übergangssachen s. § 19 Abs. 2. Gegen die Urteile der Strafkammer findet als einziges Rechtsmittel die Revision (nicht auch die Berufung) statt (§§ 312, 333 StPO.).

[2] Anwendung finden also die §§ 226 bis 275, nicht die §§ 324ff. StPO.

Verfolgung von Übertretungen.

§ 2.

(1) Übertretungen werden nur verfolgt, wenn es das öffentliche Interesse erfordert.[1]

(2) Nach Erhebung der Klage kann das Gericht mit Zustimmung der Staatsanwaltschaft das Verfahren wegen einer Übertretung einstellen, wenn das öffentliche Interesse die Verfolgung nicht erfordert.[2]

[1] Nach § 153 Abs. 1 StPO. sind Übertretungen nur zu verfolgen, wenn die Schuld des Täters nicht nur gering ist und die Folgen der Tat nicht nur unbedeutend sind oder wenn ein öffentliches Interesse an der Herbeiführung einer gerichtlichen Entscheidung besteht. Diese Einschränkung wird durch den § 2 dahin erweitert, daß es für die Ahndung von Übertretungen ungeachtet des Grades der Schuld und der Tatfolgen nur darauf ankommt, ob das öffentliche Interesse die Bestrafung gebietet. Gegen die Entschließung der Staatsanwaltschaft ist nur die Dienstaufsichtsbeschwerde, dagegen (wie im Falle des § 376 StPO.) nicht der Antrag auf gerichtliche Entscheidung nach § 172 StPO. zulässig.

[2] Der Beschluß ist unanfechtbar (§ 153 Abs. 3 StPO.).

Austragung von Vorfragen im bürgerlichen und Verwaltungsstreitverfahren.

§ 3.

Hängt die Erhebung der öffentlichen Klage wegen eines Vergehens von der Beurteilung einer Frage ab, die nach bürgerlichem Recht oder nach Verwaltungsrecht zu beurteilen ist, so kann die Staatsanwaltschaft zur Austragung der Frage im bürgerlichen Streitverfahren oder im Verwaltungsstreitverfahren eine Frist bestimmen. Hiervon ist der Anzeigende zu benachrichtigen. Nach fruchtlosem Ablauf der Frist kann die Staatsanwaltschaft das Verfahren einstellen.[1]

[1] Bisher konnte nach § 262 StPO. nur das Gericht, wenn die Strafbarkeit einer Handlung von der Beurteilung eines bürgerlichen Rechtsverhältnisses abhing, einem der Beteiligten zur Erhebung der Zivilklage eine Frist bestimmen. Jetzt ist, wenn die angezeigte Handlung ein Vergehen darstellt (nicht bei Verbrechen; wegen der Übertretungen s. § 2), der Staatsanwaltschaft bis zur Erhebung der Anklage (§ 170 StPO.) oder nach deren Zurücknahme, solange sie noch zulässig ist (§§ 156, 411 Abs. 1 StPO.), die Befugnis beigelegt, in Abweichung von dem Grundsatz des § 160 StPO., wonach sie selbst den Sachverhalt zu erforschen hat, die Austragung einer bürgerlichrechtlichen oder öffentlichrechtlichen Vorfrage im Zivil- oder Verwaltungsstreitverfahren unter Fristsetzung dem Anzeigenden aufzugeben und nach fruchtlosem Fristablauf das Verfahren einzustellen. Dadurch soll namentlich dem Mißbrauch entgegengewirkt werden, der mit Strafanzeigen von Parteien eines Zivil- oder Verwaltungsstreitverfahrens getrieben wird, die durch das Strafverfahren einen Druck auf den Gegner ausüben oder sich ohne Aufwendung von Kosten Beweise verschaffen wollen. In Frage kommt z. B. die Feststellung der Vermögensbeschädigung (§ 263 StGB.) bei verwickeltem Sachverhalt. Die Auflage kann nur dem Anzeigenden (nicht einem Dritten) gemacht werden und kann die Erhebung der Klage oder, wenn sie erhoben ist, ihre Fortsetzung innerhalb der Frist zum Gegenstande haben. Gegen die Einstellung des Verfahrens nach Fristablauf ist nur die Aufsichtsbeschwerde zulässig.

Schnellverfahren.

§ 4.

(1) Soweit in dem beschleunigten Verfahren nach § 212 der Strafprozeßordnung eine Ladung zur Hauptverhandlung stattfindet, beträgt die Ladungsfrist drei Tage. Sie kann auf 24 Stunden herabgesetzt werden.[1]

(2) Zeigt sich in einem beschleunigten Verfahren nach § 212 der Strafprozeßordnung, daß die Sache zur Verhandlung in diesem Verfahren nicht geeignet ist, so kann das Gericht, solange noch kein Urteil erlassen ist, die Sache an die Staatsanwaltschaft zurückverweisen. Geschieht dies, so gilt die öffentliche Klage als nicht erhoben. Der Beschluß ist nicht anfechtbar.[2]

1 Eine Ladung findet nur statt, wenn nicht auf Grund freiwilliger Stellung oder auf Grund der Vorführung des Beschuldigten zur Hauptverhandlung geschritten wird, sie kommt also nur bei der Verfolgung von Übertretungen oder der nach der VO. zur Bekämpfung politischer Ausschreitungen v. 28./3. 31 (RGBl. I 79) strafbaren oder an öffentlichen Orten, in Versammlungen oder durch Verbreitung oder Anschlag von Schriften, Abbildungen oder Darstellungen begangenen Handlungen (vgl. § 14 Abs. 1, 2 VO.) in Frage.

2 Bisher war die Zurückverweisung nur im Verfahren wegen der den § 14 Abs. 1, 2 VO. v. 28./3. 31 (s. Anm. 1) bezeichneten strafbaren Handlungen zulässig (§ 14 Abs. 3 VO.). Jetzt ist sie in jedem Falle zulässig, gleichviel, ob es sich um ein Verbrechen oder ein Vergehen oder eine Übertretung handelt und ob das Verfahren auf Grund der Selbstgestellung oder der Vorführung des Beschuldigten oder mit Ladung zur Hauptverhandlung (s. Anm. 1) eingeleitet worden ist.

Befreiung vom Erscheinen in der Hauptverhandlung.

§ 5.

Im Verfahren vor dem Amtsrichter und dem Schöffengericht kann der Angeklagte, auch wenn ein Verbrechen, das nicht nur wegen Rückfalls Verbrechen ist, den Gegenstand der Aburteilung bildet, auf seinen Antrag von der Verpflichtung zum Erscheinen in der Hauptverhandlung entbunden werden, sofern es sich um eine Sache von minderer Bedeutung handelt.[1]

1 Bisher war nach § 233 StPO. die Befreiung nur bei der Aburteilung von Übertretungen, Vergehen und Rückfallsverbrechen zulässig. Von der durch § 5 auch auf die Aburteilung anderer Verbrechen ausgedehnten Befreiungsbefugnis soll jedoch nur in Sachen von minderer Bedeutung Gebrauch gemacht werden.

Verwerfung der Revision durch Beschluß.

§ 6.

Eine Revision in Strafsachen kann, auch wenn das Oberlandesgericht über sie zu entscheiden hat, durch Beschluß verworfen werden, wenn das Oberlandesgericht sie einstimmig für offensichtlich unbegründet erachtet.[1]

1 Bisher nach § 349 Abs. 1 S. 2 StPO. nur zulässig, wenn das Reichsgericht als Revisionsgericht zu entscheiden hat (§§ 121, 135 GVG.).

Einschränkung der Privatklageverfahren.

Einstellung des Verfahrens wegen Geringfügigkeit.

§ 7.

(1) Sind bei einem im Wege der Privatklage verfolgten Vergehen die Schuld des Täters gering und die Folgen der Tat unbedeutend, so kann das Gericht von Erhebung der Privatklage an bis zur Verkündung des Urteils erster Instanz und, soweit zulässige Berufung eingelegt ist, bis zur Verkündung des Urteils zweiter Instanz

das Verfahren durch Beschluß einstellen. Zur Einstellung des Verfahrens bedarf es weder der Zustimmung der Staatsanwaltschaft noch der des Privatklägers noch der des Beschuldigten.[1]

(2) Wird das Verfahren nach Abs. 1 eingestellt, so kann das Gericht die in dem Verfahren entstandenen Auslagen sowie die dem Privatkläger und dem Beschuldigten erwachsenen notwendigen Auslagen angemessen verteilen oder dem Beschuldigten ganz auferlegen. Eine Gebühr wird nicht erhoben. Die Einstellung nach Abs. 1 kann auch erfolgen, bevor der von dem Privatkläger zu zahlende Gebührenvorschuß eingezahlt ist.

(3) Gegen die Einstellung des Verfahrens findet sofortige Beschwerde statt.[2]

1 Nach Abs. 1 ist die Einstellung unter den gleichen Voraussetzungen wie im öffentlichen Verfahren nach § 153 Abs. 2, 3 StPO. (geringe Schuld des Täters, unbedeutende Tatfolgen) zulässig, jedoch (anders als dort) von der Zustimmung der Beteiligten nicht abhängig, also in das freie Ermessen des Gerichts gestellt. Die Beteiligten sind aber vorher zu hören (§§ 33, 385 Abs. 1 StPO.). Die Einstellung ist auch noch im zweiten Rechtszuge bis zur Verkündung des Urteils zulässig, in der Revisionsinstanz nicht mehr.

2 Abweichung von § 153 Abs. 3 Halbs. 2, wonach die Anfechtung unzulässig ist. Die Beschwerde kann auf die Kostenentscheidung beschränkt werden.

Ausschluß der Revision.

§ 8.

(1) Hatte in einer Privatklagesache der Angeklagte oder sein Verteidiger die Berufung eingelegt, so steht dem Angeklagten das Rechtsmittel der Revision gegen das Urteil des Landgerichts nicht zu. Dasselbe gilt für den Privatkläger, wenn er oder sein Vertreter die Berufung eingelegt hatte.[1]

(2) Für Privatklagen, die ein nach dem Gesetze gegen den unlauteren Wettbewerb strafbares Vergehen oder eine als Vergehen strafbare Verletzung des Urheberrechts betreffen, und für die Rechte des Nebenklägers verbleibt es bei den bisherigen Vorschriften.[2]

1 Durch Abs. 1 wird, wenn das Verfahren ein Vergehen nach § 374 Abs. 1 Ziff. 1 bis 6 StPO. betrifft, das Verfahren auf zwei Rechtszüge beschränkt und die Revision nur zugelassen, wenn der Beschwerdeführer von dem zulässigen Rechtsmittel der Berufung keinen Gebrauch gemacht hatte, diese vielmehr von seinem Gegner eingelegt war. Der Angeklagte kann also Revision nur einlegen, wenn das Landgericht auf die Berufung des Privatklägers oder seines Vertreters ein verurteilendes Erkenntnis erlassen hat, der Privatkläger nur, wenn das Landgericht auf die Berufung des Angeklagten oder seines Verteidigers auf Freisprechung oder Einstellung erkannt oder das Strafmaß gemildert hat.

2 Nach Abs. 2 ist die Revision unbeschränkt zulässig, wenn das Verfahren eine Zuwiderhandlung nach § 374 Abs. 1 Ziff. 7 und 8 betrifft. Ferner schließt er die Übertragung der Beschränkung auf die Rechte des Nebenklägers (§ 397 StPO.) aus.

B. **Bürgerliche Rechtspflege.**
Zuständigkeit der Amtsgerichte.

§ 9.

Die Wertgrenze für die Zuständigkeit der Amtsgerichte in Streitigkeiten über vermögensrechtliche Ansprüche (§ 23 Nr. 1 des Gerichtsverfassungsgesetzes) wird auf eintausend Reichsmark[1] erhöht. Hinsichtlich der im § 866 Abs. 3 der Zivilprozeßordnung bestimmten Wertgrenze[2] bewendet es bei dem Betrage von fünfhundert Reichsmark.

[1] Bisher 800 RM. (§ 2 VO. v. 1./12. 30 [RGBl. I 517]).

[2] Wertgrenze für die Eintragung einer Zwangs-(Sicherungs-)Hypothek.

Berufungssumme, Beschwerdesumme, Wertgrenze für Schiedsurteile.

§ 10.

(1) Die im § 511a Abs. 1 der Zivilprozeßordnung vorgesehene[1] Berufungssumme wird auf einhundert Reichsmark und die im § 567 Abs. 2 der Zivilprozeßordnung vorgesehene Beschwerdesumme auf fünfzig Reichsmark[2] festgesetzt.

(2) Die für die Entscheidung durch Schiedsurteil im Verfahren vor den Amtsgerichten nach § 20 der Bekanntmachung zur Entlastung der Gerichte (Reichsgesetzbl. 1924 I S. 552) maßgebende Wertgrenze wird auf einhundert Reichsmark[3] festgesetzt.

(3) Für Verfahren, die vor dem Inkrafttreten dieser Vorschriften anhängig geworden sind, sind die bisherigen Vorschriften weiter anzuwenden.[4]

[1] Berufungssumme in Rechtsstreitigkeiten über vermögensrechtliche Ansprüche, bisher 50 RM. (VO. v. 13./12. 23).

[2] Beschwerdesumme für die Anfechtung von Kostenentscheidungen nach § 99 Abs. 3 ZPO., bisher 30 RM. (VO. v. 13./12. 23).

[3] Wertgrenze für die Entscheidung durch Schiedsurteil im amtsgerichtlichen (nicht im landgerichtlichen) Verfahren bei Streitigkeiten über vermögensrechtliche Ansprüche, bisher 50 RM.

[4] Ein vor dem Inkrafttreten dieser Vorschriften anhängig gewordenes Verfahren liegt nur dann vor, wenn Berufungssumme (Abs. 1) bzw. Schiedsurteilsumme (Abs. 2) Gegenstand der Einleitung des Verfahrens gewesen sind.

Armenrecht.

§ 11.

(1) In bürgerlichen Rechtsstreitigkeiten hat eine im Sinne des § 114 Abs. 1 der Zivilprozeßordnung bedürftige Partei auf die Bewilligung des Armenrechts nur Anspruch, wenn die beabsichtigte Rechtsverfolgung oder Rechtsverteidigung Aussicht auf Erfolg bietet.[1]

(2) Das Armenrecht ist zu versagen, wenn die beabsichtigte Rechtsverfolgung oder Rechtsverteidigung mutwillig ist; als mutwillig ist die Rechtsverfolgung auch insoweit anzusehen, als anzunehmen ist, daß eine nicht das Armenrecht beanspruchende Partei bei verständiger Würdigung aller Umstände des Falles, insbesondere auch der für die Beitreibung ihres Anspruchs bestehenden Aussichten von einer Prozeßführung absehen oder nur einen Teil des Anspruchs geltend machen würde.[2]

(3) Das Gericht kann von dem Antragsteller eine Glaubhaftmachung seiner tatsächlichen Angaben[3] fordern. Es soll, wenn dies nicht aus besonderen Gründen unzweckmäßig erscheint, vor der Bewilligung des Armenrechts den Gegner hören und kann, soweit dies ohne eine erhebliche Verzögerung möglich ist, Erhebungen anstellen.[4] Diese Maßnahmen sind im Verfahren vor den Kollegialgerichten durch

ein vom Vorsitzenden beauftragtes Mitglied des Gerichts oder durch einen von ihm ersuchten Richter durchzuführen.[5]

(4) Eine teilweise Bewilligung des Armenrechts findet unter den Voraussetzungen des § 115 Abs. 2 der Zivilprozeßordnung auch in nichtvermögensrechtlichen Streitigkeiten statt.[6]

(5) Gegen einen die Bewilligung des Armenrechts versagenden Beschluß des Beschwerdegerichts ist die weitere Beschwerde ausgeschlossen.[7]

1 **Aussicht auf Erfolg.** — Bisher „wenn die beabsichtigte Rechtsverfolgung oder Rechtsverteidigung nicht mutwillig oder aussichtslos erscheint" (§ 114 Abs. 1 ZPO.). Während danach bisher auch bei geringer Erfolgsaussicht das Armenrecht zu bewilligen war, setzt jetzt die Bewilligung die Feststellung voraus, daß die beabsichtigte Rechtsverfolgung oder Rechtsverteidigung mit einer gewissen Wahrscheinlichkeit Erfolg haben wird. — War das Armenrecht vor dem Inkrafttreten der VO. bewilligt, weil die Voraussetzungen des § 114 ZPO. vorlagen, so kann es nicht lediglich auf Grund der Bestimmungen der VO. nach § 121 ZPO. entzogen werden, weil keine Erfolgsaussicht bestehe.

2 **Mutwillig.** — Die Auslegung des Begriffs durch den Abs. 2 soll dem Mißbrauch vorbeugen, daß arme Parteien Prozesse führen, die, wiewohl sie Aussicht auf Erfolg bieten, eine nicht arme Partei bei verständiger Würdigung aller Umstände im Interesse der Kostenersparnis nicht oder nicht so führen würde. Das ist namentlich der Fall, wenn wegen der Mittellosigkeit des Gegners im Falle des Obsiegens mit der Beitreibbarkeit der Urteilssumme und der Kosten nicht zu rechnen ist, oder wenn aus dem gleichen oder einem anderen Grunde eine bemittelte Partei sich zunächst mit der Einklagung eines Teilbetrags begnügen würde. Das kann zur Versagung des Armenrechts führen, wenn die antragstellende Partei die Kosten für eine Teilklage aufzubringen vermag oder wenn sie das Armenrecht beim Landgericht begehrt, während eine bemittelte Partei einen Teilbetrag beim Amtsgericht einklagen würde. Rechtfertigt aber ein berechtigtes Interesse die sofortige Einklagung des ganzen Betrags (z. B. wegen drohender Verarmung des Gegners oder drohender Verjährung des Anspruchs), so ist der armen Partei die Teilklage nicht zuzumuten und das Armenrecht in vollem Umfange zu bewilligen. — Die Bestimmung des Abs. 2 ist insbesondere auch für das Privatklageverfahren nach § 379 Abs. 3 StPO. von Bedeutung.

3 **Glaubhaftmachung.** — Mit den nach § 294 ZPO. zulässigen Beweismitteln, insbesondere durch (schriftliche oder mündliche) Versicherung an Eides Statt des Antragstellers oder Dritter. Auch hinsichtlich der Bedürftigkeit (§ 114 Abs. 2 ZPO.) kann Glaubhaftmachung der tatsächlichen Angaben gefordert werden (s. Anm. 4).

4 **Erhebungen.** — Die Nachprüfung kann sowohl die Bedürftigkeit (s. Anm. 3) wie die Erfolgsaussicht (Abs. 2) oder die Mutwilligkeit der Klage (Abs. 3) betreffen. Aus dem Ausdruck „Erhebungen" ist zu entnehmen, daß es sich um ein formloses Verfahren handelt. Es bedarf also weder förmlicher Beweisbeschlüsse noch der mündlichen Anhörung von Zeugen oder Sachverständigen, zumal die Glaubhaftmachung gefordert werden kann (Anm. 3). In Frage kommt die Beiziehung von Akten, die Einforderung von Urkunden, von schriftlichen Äußerungen und Gutachten, auch die gemeinsame mündliche Anhörung der Parteien. Die mündliche Vernehmung von Zeugen oder Sachverständigen hat uneidlich zu erfolgen, da sie nicht der Beweissicherung dient (vgl. dagegen § 492 ZPO.) und die Vernehmung im Streitverfahren nicht ersetzt; den Parteien wird in der Regel die Anwesenheit zu gestatten sein, es ist aber nicht notwendig. Wegen der Gebühren s. Anm. 4 § 126 ZPO. Die Auslagen, insbesondere die Zeugen- und Sachverständigengebühren, gehören, wenn es zum Streitverfahren kommt, zu den Kosten des Rechtsstreits, über die durch das Urteil entschieden wird, das bewilligte Armenrecht erstreckt sich jedoch auch auf sie; unterbleibt die Klagerhebung, insbesondere wegen Versagung des Armenrechts, so fallen die Auslagen dem Antragsteller zur Last (§§ 1, 71 ff., 77 Abs. 1 GKG.) vorbehaltlich der Niederschlagung wegen Armut nach den landesrechtlichen Bestimmungen (Preußen: §§ 17, 115 prGKG., §§ 20, 53 KassO.).

5 **Verfahren vor den Kollegialgerichten.** — Der Vorsitzende hat ohne Beschluß des Kollegiums ein Mitglied des Gerichts mit der Durchführung bestimmt zu bezeichnender oder allgemein der erforderlichen Maßnahmen nach Satz 1 und 2 (s. Anm. 3, 4) zu beauftragen oder einen auswärtigen Richter darum zu ersuchen. Der beauftragte oder ersuchte Richter handelt im Rahmen des ihm erteilten Auftrags nach eigener Entschließung. Kein Anwaltszwang (§ 78 Abs. 2 ZPO.). Der Vorsitzende kann aber selbstverständlich auch selbst die Erhebungen anstellen. Die Entscheidung über das Armenrechtsgesuch erfolgt stets durch das Kollegium (vgl. Vorbem. vor § 348 ZPO.).

6 **Teilweise Bewilligung des Armenrechts.** — Bisher nur in vermögensrechtlichen Rechtsstreitigkeiten. Jetzt z. B. auch in Ehe-, Kindschaftssachen.

7 **Beschränkung der Beschwerde.** — Durch § 5 NotVO. v. 1./12. 30 war bereits die Beschwerde gegen versagende Beschlüsse des Berufungsgerichts ausgeschlossen, durch § 567 Abs. 3 ZPO. die weitere Beschwerde gegen solche des Oberlandesgerichts; jetzt ist auch die weitere Beschwerde gegen solche Beschlüsse des Landgerichts ausgeschlossen.

C. **Kosten und Gebühren.**

Auslagenvorschuß.

§ 12.

Soweit die Vornahme einer gerichtlichen Handlung, die mit baren Auslagen verbunden ist, von der vorherigen Zahlung eines Vorschusses abhängig gemacht werden kann (§§ 379, 402 der Zivilprozeßordnung, § 84 des Gerichtskostengesetzes), soll das Gericht von dieser Befugnis Gebrauch machen.[1]

1 Z. B. die Ladung von Zeugen und Sachverständigen (§§ 379, 402 ZPO.), die Augenscheinseinnahme, die öffentliche Bekanntmachung (§ 84 GKG.). Grundsätzlich ist jetzt der Vorschuß stets zu erfordern, sofern nicht die Notwendigkeit der Beschleunigung es ausschließt. Ein Verstoß hiergegen macht aber die Handlung nicht ungültig.

Mindestgebühr.

§ 13.

(1) Der im § 7 des Gerichtskostengesetzes bestimmte Mindestbetrag einer Gebühr wird für das Verfahren vor den ordentlichen Gerichten auf 2 Reichsmark erhöht.[1] Ist im Mahn- oder Güteverfahren die Mindestgebühr erhoben, so wird für das nachfolgende Streitverfahren die Prozeßgebühr insoweit nicht erhoben, als sie zusammen mit der für das Mahn- oder Güteverfahren angesetzten Gebühr eine volle Gebühr übersteigt.[2]

(2) Die bisherigen Vorschriften sind weiter anzuwenden, sofern das Verfahren der Instanz vor dem Inkrafttreten dieser Vorschrift anhängig geworden war.

1 Durch § 6 NotVO. v. 1./12. 30 war die Mindestgebühr von 0,50 RM. auf 1 RM. erhöht worden. Jetzt ist sie weiter auf 2 RM. erhöht, jedoch nur für das Verfahren vor den ordentlichen Gerichten, während es für das arbeitsgerichtliche Verfahren bei der Mindestgebühr von 1 RM. (§ 12 ArbGG.) verbleibt.

2 Auch für das Mahn- oder Güteverfahren ist jetzt mindestens eine Gebühr von 2 RM. zu erheben, selbst wenn die halbe Gebühr des § 8 GKG., die an sich nach §§ 31, 31a GKG. zu erheben ist, geringer ist. Die Mindestgebühr wird aber für das nachfolgende Streitverfahren in voller Höhe auf die Prozeßgebühr angerechnet, so daß nur noch der Unterschied zwischen der Mindestgebühr und der Prozeßgebühr erhoben wird.

Gerichtsvollziehergebühren.

§ 14.

Hinsichtlich der Gebühren der Gerichtsvollzieher wird folgendes bestimmt:

1. Die Zusatzgebühr des § 2 Abs. 3 der Gebührenordnung für Gerichtsvollzieher beträgt 0,50 Reichsmark.
2. Die im § 3 Abs. 4 und § 4 der Gebührenordnung für Gerichtsvollzieher vorgesehene Gebühr beträgt mindestens 1 Reichsmark.
3. Die im § 6 Abs. 1 der Gebührenordnung für Gerichtsvollzieher vorgesehene Gebühr beträgt mindestens 0,50 und höchstens 50 Reichsmark.
4. Die im § 6 Abs. 2 der Gebührenordnung für Gerichtsvollzieher vorgesehene Gebühr beträgt in den Fällen der §§ 3 und 4 mindestens 1 Reichsmark und höchstens 100 Reichsmark.
5. Die im § 13 der Gebührenordnung für Gerichtsvollzieher vorgesehene Mindestgebühr beträgt 0,50 Reichsmark.
6. Für die Mitwirkung bei einer vom Vollstreckungsgerichte gemäß § 825 der Zivilprozeßordnung angeordneten besonderen Art der Verwertung einer gepfändeten Sache erhält der Gerichtsvollzieher eine Gebühr von 1 vom Hundert des Erlöses, mindestens jedoch 2 Reichsmark und höchstens 20 Reichsmark. Besteht die Mitwirkung des Gerichtsvollziehers lediglich in der Übergabe oder Übersendung der Sache, so erhält er eine Gebühr von 2 Reichsmark; § 5 Abs. 2 der Gebührenordnung für Gerichtsvollzieher findet entsprechende Anwendung.
7. Zu den nach § 16 der Gebührenordnung für Gerichtsvollzieher dem Gerichtsvollzieher zu vergütenden baren Auslagen gehören auch in angemessenen Grenzen die Kosten für unbedingt notwendige Arbeitshilfe und für notwendige und verkehrsübliche Benutzung von eigenen Beförderungsmitteln zum Transport von Sachen und Personen.

Vergütung für Sachverständige.

§ 15.

§ 4 der Gebührenordnung für Zeugen und Sachverständige ist bis auf weiteres nicht mehr anzuwenden.[1]

1 Danach kann in Zivil- und Strafprozessen den Sachverständigen nicht mehr der übliche (insbesondere auf privaten Gebührenordnungen, Taxvorschriften beruhende) Preis, sondern nur noch eine Vergütung nach § 3 GebO. Z. u. S. (3 bis 6 RM. für die Arbeitsstunde) gewährt werden, sofern nicht in bürgerlichen Rechtsstreitigkeiten die Parteien eine bestimmte Vergütung bewilligen und ein zu ihrer Deckung ausreichender Vorschuß gezahlt ist (§ 5 GebO.).

Anwaltskammernotbeiträge.

§ 16.

(1) Die Anwaltskammern können auf Grund eines Beschlusses ihres Vorstandes von ihren Mitgliedern außer den im § 48 Nr. 2 der Rechtsanwaltsordnung bestimmten Beiträgen Sonderbeiträge zur Unterstützung notleidender Mitglieder, früherer Mitglieder und deren Hinterbliebenen erheben. Der Beschluß bedarf der Genehmigung der Landesjustizverwaltung. § 58b der Rechtsanwaltsordnung gilt entsprechend.

(2) Soweit die Beiträge von den den Armenanwälten aus der Staatskasse zustehenden Gebühren zu leisten sind, kann die Landesjustizverwaltung bestimmen, daß die Beiträge unmittelbar an die Anwaltskammer abgeführt werden.

Armenanwaltsgebühren.

§ 17.

(1) Für die Gebühren, die den im Armenrechte beigeordneten Rechtsanwälten nach dem Gesetze vom 20. Dezember 1928 (Reichsgesetzbl. I S. 411) aus der Staatskasse zu erstatten sind, gilt in Änderung des § 7 Abs. 2 des Neunten Teiles der Verordnung des Reichspräsidenten zur Sicherung der Wirtschaft und Finanzen vom 1. Dezember 1930 (Reichsgesetzbl. I S. 517) folgendes:

(2) Die Gebühren verringern sich um 20 vom Hundert und, wenn der Wert des Streitgegenstandes 800 Reichsmark übersteigt, um 25 vom Hundert.[1]

(3) Die Vorschrift des § 7 Abs. 4 des Neunten Teiles der genannten Verordnung findet entsprechende Anwendung.[2]

[1] Da der Abs. 3 des § 7 VO. v. 1./12. 30 nicht geändert ist, verbleibt es in Ehesachen bei der Gebühr von 25 RM. unabhängig vom Streitwert. Die weitere Kürzung durch die VO. v. 6./10. 31 betrifft nur die nach dem Streitwert zu berechnenden Gebühren.

[2] Danach gelten die Übergangsvorschriften des Art. V Abs. 2, 3 Ges. über die Gerichtskosten und die Gebühren der Rechtsanwälte v. 28./1. 27 (RGBl. I 53) entsprechend.

Sie lauten:

„(2) (Dieses Gesetz) findet auf die vor seinem Inkrafttreten anhängig gewordenen Rechtssachen Anwendung, soweit nicht die Instanz vor diesem Zeitpunkt beendet war. Als Ende der Instanz im Sinne dieser Vorschrift gilt in bürgerlichen Rechtsstreitigkeiten, sofern die Instanz mit einem Urteil abschließt, hinsichtlich der .... Anwaltsgebühren der Zeitpunkt der Zustellung und, wenn ein Rechtsmittel gegen das Urteil nicht stattfindet, der Zeitpunkt der Verkündung ....

(3) Sofern in den Fällen des Abs. 2 der Betrag einer dem Rechtsanwalte vor dem Inkrafttreten dieses Gesetzes erwachsenen Gebühr auf Grund der bisherigen Vorschriften höher ist als auf Grund der Vorschriften dieses Gesetzes, steht dem Rechtsanwalte der höhere Betrag zu.“

D. Inkrafttreten und Übergangsvorschriften.

Inkrafttreten.

§ 18.

Die Vorschriften der §§ 9, 12, 13 und 14 treten mit dem 15. Oktober 1931 in Kraft.[1]

[1] Übergangsvorschriften für die Erhöhung der Mindestgebühr des § 7 GKG. s. § 13 Abs. 2; für die Herabsetzung der Armenanwaltsgebühren s. § 17 Abs. 3.

Übergangsvorschriften im Strafverfahren.

§ 19.

(1) Ist bei Inkrafttreten des § 1 die Anklageschrift bereits eingereicht, so kann die Staatsanwaltschaft den Antrag auf Eröffnung des Hauptverfahrens vor der großen Strafkammer bis zum Beginne der Hauptverhandlung nachholen. Ist bei Nachholung des Antrags das Hauptverfahren vor dem Amtsgerichte bereits eröffnet, so hat die Strafkammer, die das Hauptverfahren eröffnet hat, die Sache durch Beschluß an die große Strafkammer zu verweisen.

(2) In den Fällen des Abs. 1 Satz 2 treten die Richter, die bei Inkrafttreten des § 1 als Vorsitzender oder Mitglied des Schöffengerichts oder deren Stellvertreter berufen waren, für diese Strafsache in gleicher Eigenschaft in die große Strafkammer über, wenn sie bereits mit der Vorbereitung der Hauptverhandlung vor dem Schöffengerichte befaßt waren; das Präsidium des Landgerichts bestimmt, wer von den ständigen Mitgliedern der großen Strafkammer und ihren regelmäßigen Vertretern auszuscheiden hat.[1]

(3) Der Angeklagte, der zur Hauptverhandlung vor dem Amtsgerichte geladen war, kann die Einhaltung der Ladungsfrist nicht mehr beanspruchen, wenn der Termin zur Hauptverhandlung vor der großen Strafkammer auf den für die Verhandlung vor dem Amtsgerichte bestimmten Tag anberaumt wird; entsprechendes gilt für den Verteidiger.

[1] Hiernach scheidet der Direktor der Strafkammer (§ 62 GVG.) als Vorsitzender aus, und es treten die Mitglieder des Schöffengerichts oder deren regelmäßige Vertreter (§ 63 Abs. 1 GVG.), gleichviel, ob sie Mitglieder des Landgerichts oder nur Amtsrichter sind, in gleicher Eigenschaft (als Vorsitzender, Beisitzer, Stellvertreter) in die große Strafkammer über, die durch das vom Präsidium zu bestimmende ständige Mitglied der Strafkammer oder seinen regelmäßigen Vertreter als dritten Richter ergänzt wird.

Kapitel II.
Sondergerichte.

(1) Die Reichsregierung wird ermächtigt, zur Aburteilung bestimmter strafbarer Handlungen in Bezirken, in denen ein Bedürfnis dafür hervortritt, Sondergerichte zu bilden.

(2) Die Sondergerichte sind als Gerichte der Länder zu bilden. Die Reichsregierung bestimmt im Benehmen mit den Landesregierungen die Bezirke und den Sitz der Sondergerichte.

(3) Die Reichsregierung wird ferner ermächtigt, Vorschriften über die Zusammensetzung der Sondergerichte, ihre Zuständigkeit und das Verfahren zu erlassen.

(4) Sie kann bestimmen, daß die Tätigkeit der Sondergerichte allgemein oder in bestimmten Bezirken endet und wie die anhängigen Verfahren in die ordentliche Gerichtsbarkeit überzuleiten sind.

B. Fortsetzung der Erläuterungen der Zivilprozeßordnung und des Gerichtsverfassungsgesetzes.

§ 8 EGZPO.

S. 4 Anm. 1 Z. 2 **von unten:**

Es kann also jeder bei einem Landgericht oder Oberlandesgericht zugelassene Rechtsanwalt mit endgültiger Wirkung für das Reichsgericht Revision einlegen und, wenn es rechtzeitig geschieht, auch begründen. Er kann die Revision unzweifelhaft auch zurücknehmen, solange die Unzuständigkeitserklärung des Obersten Landesgerichts noch nicht zugestellt ist. Es ist aber auch nachher noch dem Rechtsanwalt, der die Revision eingelegt hat, nicht das Recht abzusprechen, über das von ihm selbst eingelegte Rechtsmittel so lange zu verfügen, bis ein beim Reichsgericht zugelassener Rechtsanwalt bestellt ist und sich gemeldet hat. Wie er bis dahin als Prozeßbevollmächtigter in der Revisionsinstanz gilt, so kann er bis dahin auch die **Revision zurücknehmen**; allerdings nicht durch Erklärung in der mündlichen Verhandlung, weil die Vertretung der Partei in der mündlichen Verhandlung einem beim Reichsgericht zugelassenen Rechtsanwalt vorbehalten ist, wohl aber durch Zustellung eines Schriftsatzes gemäß § 515 Abs. 2, § 566. RG. (VZS.) 132, 92.

§ 1 ZPO.

S. 14 **Anm. 1 a. E.:**

— Ein **ausländischer Staat** unterliegt der inländischen Gerichtsbarkeit nur dann, wenn er sich den beantragten gerichtlichen Maßnahmen der einheimischen Gerichte freiwillig unterworfen hat. Tritt er als Kläger vor dem einheimischen Gericht auf, so ist seine Unterwerfung unter die inländische Gerichtsbarkeit hinsichtlich einer Widerklage gegen ihn nur dann anzunehmen, wenn dies aus seiner Unterwerfung hinsichtlich der Klage nach der Sachlage zu entnehmen ist. JW. 30, 213.

§ 2 ZPO.

S. 16 **Anm. 1 Z. 26 von oben:**

— Ist die Berufung, nachdem unter Streitwertfestsetzung die Prozeßgebühr gemäß § 519 Abs. 6 erfordert war, wegen nicht erfolgten rechtzeitigen Nachweises der Gebührzahlung gemäß § 519 Abs. 6 Satz 3, § 519b als unzulässig verworfen, so kann die **Streitwertfestsetzung** nicht mit der Beschwerde angefochten werden, es sei denn, daß die Hauptentscheidung einer Anfechtung unterliegt. JW. 30, 1513.

§ 3 ZPO.

S. 19 **Anm. 1 Z. 6:**

So z. B. ein **Feststellungsanspruch**, der **nur** ein **Urteilselement** für die im eigentlichen Streit zu treffende Entscheidung bildet. RG. 126, 20.

§ 3 ZPO.

S. 21 **Anm. 1 Z. 2 von oben:**

Bei Klagen auf **Aufhebung eines Schiedsspruchs** (§ 1041) bestimmt sich der **Streitwert** nach dem Interesse, das der Kläger an der Aufhebung hat. Ist der Schiedsspruch dem Kläger nur zum Teil ungünstig (z. B. der Kläger nur zu einem Teilbetrag verurteilt, der Anspruch des Gegners im übrigen abgewiesen), so ist nur der Wert des Teils für den Streitwert maßgebend, auch wenn Aufhebung des ganzen Schiedsspruchs (z. B. wegen Unzulässigkeit des Verfahrens) beantragt ist. W. 30, 178.

§ 3 ZPO.

S. 21 Anm. 1 Z. 4 **von unten:**

Hat die 1. Instanz gemäß dem Schlußantrag des Klägers entgegen dem Abweisungsantrag des Beklagten die **Hauptsache für erledigt erklärt** und dem Beklagten die Kosten auferlegt, darauf die 2. Instanz die Klage abgewiesen und die Kosten unter die Parteien geteilt und verfolgt dann die Revision des Klägers Zurückweisung der Berufung des Beklagten gegen das erstinstanzliche Urteil, so bildet den Wert des Gegenstandes der Revisionsbeschwerde lediglich der Kostenteil, der dem Kläger in der 2. Instanz auferlegt worden ist. W. 30, 223.

§ 3 ZPO.

S. 23 Anm. 2 Z. 26 **von oben:**

Dies gilt auch für die positive und die negative Feststellungsklage (auf Feststellung des Bestehens einer Nachlaßforderung oder des Nichtbestehens einer Forderung gegen den Nachlaß). JW. 29, 1653[11].

§ 4 ZPO.

S. 28 Anm. 3 Z. 1:

Für die Geltendmachung als **Nebenforderung** macht es keinen Unterschied, ob Haupt- und Nebenforderung selbst mit der Leistungs- oder Feststellungsklage geltend gemacht werden oder ob für sie eine Sicherung verlangt wird; daher findet die Nebenforderungsbestimmung auch **im Arrestverfahren** Anwendung, so daß hier ein Zinsen- und Kostenbetrag neben der Hauptforderung, wegen deren die Arrestanordnung beantragt worden ist, bei Berechnung des Streitwerts nicht hinzuzurechnen ist. RG. 26, 412 (a. M. JW. 30, 644).

§ 4 ZPO.

S. 28 Anm. 3 Z. 6 **von oben:**

Abgesehen hiervon begründet es keinen Unterschied, ob Hauptforderung und Nebenforderung selbst geltend gemacht werden, sei es im Wege der Verurteilungs- oder der Feststellungsklage, oder ob nur für Hauptforderung und Nebenforderung eine **Sicherung** oder ein Vorzugsrecht verlangt wird. RG. 4, 367, 7, 326, 10, 344, 394, 18, 373. Auch **im Arrestverfahren** sind bei der Bemessung des Streitwerts des Anspruchs, für den der Arrest ausgebracht ist, mitgeltend gemachte **Zinsen und Kosten** als Nebenforderungen nicht zu berücksichtigen. RG. 26, 412, JW. 30, 2073 (a. M. 30, 644).

§ 4 ZPO.

S. 29 Anm. 3 Z. 4 **von unten:**

Werden ein Teil einer Forderung und ferner **von** dem anderen **Teil lediglich Zinsen** eingeklagt, so sind diese Zinsen nicht als Nebenforderung anzusehen. JW. 30, 174. Werden aber, nachdem ein Teil der eingeklagten Forderung bezahlt ist, weiter die Restforderung und daneben Verzugszinsen von dem bezahlten Teil geltend gemacht, so bleiben Zinsen als Nebenforderung für den Streitwert außer Betracht. JW. 30, 177.

§ 9 ZPO.

S. 38 Anm. 1 Z. 9 **von oben:**

Es kommt darauf an, ob der geltend gemachte Anspruch **seiner Natur nach** ein Anspruch auf **wiederkehrende Leistungen** ist; dies ist z. B. nicht der Fall, wenn wegen Nichtzahlung eines fälligen Kapitals Schadensersatz in Gestalt von künftig regelmäßig zu zahlenden (hohen) Zinsen verlangt wird. JW. 30, 3331.

§ 13 ZPO.

S. 45 Anm. 2 **a. E.:**

Für **Militärpersonen** (vgl. § 14 Anm. 1) bestimmt § 9 Abs. 1 BGB. einen notwendigen gesetzlichen **Wohnsitz**, nämlich den am Garnisonort. Jedoch folgt aus diesem Wohnsitz nicht ein ausschließlicher Gerichtsstand (s. § 12 Anm. 1), vielmehr ist, wie nach § 7 Abs. 2 BGB. allgemein der Wohnsitz gleichzeitig an mehreren Orten bestehen kann, auch den

Militärpersonen gestattet, neben dem gesetzlichen einen frei gewählten Wohnsitz zu begründen mit der Folge, daß auch in diesem ihr Gerichtsstand (z. B. nach § 606) gegeben ist (str., RG. 126, 8).

§ 23 ZPO.

S. 56 Anm. 5 Z. 11 **von oben:**

Desgleichen ist für eine Klage auf Feststellung der Nichtverpflichtung zur Bezahlung einer Forderung des beklagten Gläubigers der **Gerichtsstand des Vermögens** am Wohnsitz des **klagenden** Schuldners gegeben, wenn mit der Klage nicht der Bestand der Forderung, sondern nur ihre Fälligkeit bestritten wird; diese mit der Zustellung der Klage begründete Zuständigkeit wird auch gemäß § 263 Abs. 2 Nr. 2 nicht dadurch wieder aufgehoben, daß der Kläger nachträglich ohne Änderung des Klagegrundes die Klage auf die Feststellung richtet, daß er überhaupt nicht verpflichtet sei, er also nachträglich den Bestand der Forderung bestreitet. JW. 30, 263[11].

§ 32 ZPO.

S. 68 Anm. 1 Z. 9:

Es kommt also darauf an, ob unter der Voraussetzung der Richtigkeit des tatsächlichen Vorbringens des Klägers bei richtiger Gesetzesanwendung dem Beklagten in Wirklichkeit eine **unerlaubte Handlung** zur Last fällt. RG. 129, 179.

§ 36 ZPO.

S. 75 Anm. 4 a. E.:

Auf den Fall, daß für die gegen die Gegner als Streitgenossen geltend zu machenden Ansprüche **verschiedene Gerichte sachlich zuständig** sind (z. B. für den einen das Amtsgericht nach § 23 GVG., für den andern das Landgericht nach § 71 GVG.), findet die Zuständigkeitsbestimmungsvorschrift des § 36 Nr. 3 keine Anwendung. JRHR. 30, 748.

§ 40 ZPO.

S. 79 Anm. 2 a. E.:

— Dies gilt auch, wenn die Parteien sich ohne Einschränkung einer ausländischen Gerichtsbarkeit unterworfen haben. JW. 29, 3099.

§ 41 ZPO.

S. 81 Anm. 5:

Bei einer Behörde (z. B. Stadtgemeinde) jedes **Mitglied des gesetzlichen Vertretungsorgans.** Das Gesetz unterscheidet nicht, ob die **Ausschließung** des gesetzlichen Vertreters auf seinen Beziehungen zu der obsiegenden oder der unterlegenen Partei beruht. JW. 30, 2242[6].

§ 45 ZPO.

S. 84 Anm. 3 Z. 2 **von unten:**

Ist ein **ganzes Gericht abgelehnt,** aber trotzdem das Gesuch dem im Instanzenzuge nächsthöheren Gericht vorgelegt, so kann auch dieses Gericht das Gesuch als unzulässig verwerfen. Sind aber dabei zugleich einzelne Mitglieder des Gerichts besonders abgelehnt, so hat hierüber letzteres Gericht, sofern es nicht durch Ausscheiden jener Mitglieder beschlußunfähig wird, zu entscheiden. W. 29, 105.

§ 46 Abs. 2 ZPO.

S. 84 Anm. 3 a. E.:

— Nach den Vorschriften der §§ 38 Abs. 4, 8 Abs. 3 MietSchG. ist gegen die Entscheidung des Landgerichts als Beschwerdegericht, durch die das **Ablehnungsgesuch** gegenüber dem **Vorsitzenden des Mieteinigungsamtes** als unbegründet zurückgewiesen wird, eine **weitere Beschwerde** nicht zulässig, wiewohl in diesem Falle die Beschwerdestelle ausnahmsweise in erster Instanz entscheidet. JW. 25, 1176, 30, 3249. Dies gilt auch hinsichtlich der Zurückweisung der **Ablehnung eines Sachverständigen** (§ 408), wiewohl hier in erster Instanz das Mieteinigungsamt über die Ablehnung zu entscheiden hat. JW. 30, 3254.

§ 50 ZPO.

S. 88 Anm. 2 Z. 6 **von unten:**

Auch eine städtische Sparkasse ist unter der Herrschaft des preuß. Sparkassen-Reglements v. 12./12. 1838, wenn ihr nicht juristische Persönlichkeit besonders verliehen worden ist, keine juristische Person, sondern eine Einrichtung der Stadtgemeinde; diese, vertreten durch den Magistrat oder durch den Vorstand der Stadtsparkasse, wenn dieser eine Verwaltungsdeputation i. S. des § 59 pr. StO. v. 30./5. 1853 darstellt, muß klagen oder verklagt werden. JW. 29, 1747[11].

§ 51 ZPO.

S. 91 Anm. 2 Z. 2:

; RG. 126, 262: in persönlichen Angelegenheiten, z. B. **in Ehesachen**, kann der **Pfleger** den Abwesenden nicht vertreten.

§ 51 ZPO.

S. 92 Anm. 2 Z. 7 **von oben:**

So kann auch der **Zedent** mit der Ermächtigung des Zessionars zur Prozeßführung für dessen Rechnung im eigenen Namen **auf Leistung an den Zessionar klagen**, wenn ein rechtsschutzbedürftiges Interesse für ihn gegeben ist; daß die Rechtskraft des ergehenden Urteils den Beklagten gegen spätere Ansprüche des Zessionars selbst nicht schützen würde, kann ihm nicht entgegengehalten werden, da der Zessionar zufolge der Ermächtigung die Wirkungen des Urteils gegen sich anerkennen muß. W. 29, 61 nebst Nachweisen.

§ 53 ZPO.

S. 95 Anm. 1 a. E.:]

— Ist, nachdem in erster Instanz der durch einen Pfleger vertretene Beklagte verurteilt worden ist, nach Zustellung des Urteils die nach § 16 FGG. mit der Bekanntmachung, auch wenn die Voraussetzungen des § 1919 BGB. noch nicht vorlagen, wirksam gewordene **Aufhebung der Pflegschaft** durch das Vormundschaftsgericht erfolgt, so ist die **vom Beklagten selbst** (durch einen von ihm als Prozeßbevollmächtigten bestellten Anwalt) eingelegte **Berufung**, falls er prozeßunfähig (z. B. geisteskrank) ist, unzulässig; ist er prozeßfähig, so daß die Berufung zulässig ist, ist aber er selbst in der Berufungsverhandlung nicht aufgetreten, sondern für ihn der Pfleger trotz Aufhebung der Pflegschaft, so ist, weil er im Berufungsverfahren nicht nach Vorschrift der Gesetze vertreten war, gegen das Berufungsurteil der Revisionsgrund aus § 551 Nr. 5 gegeben. Dies alles ist von Amts wegen zu prüfen. War der Beklagte bereits zur Zeit der Klagerhebung prozeßunfähig, so war die gegen ihn persönlich gerichtete Klage zunächst unzulässig (W. 08, 182); jedoch wurde dieser Mangel dadurch geheilt, daß der damals noch im Amte befindliche Pfleger in den Prozeß eintrat und die Prozeßführung genehmigte, so daß das erstinstanzliche Verfahren in jedem Falle ordnungsmäßig war. W. 30, 63. Vorstehendes gilt auch, wenn in einem Ehescheidungsstreit die Klage gegen den durch einen nach § 1910 Abs. 2 BGB. bestellten Pfleger gemäß § 612 Abs. 2 vertretenen Beklagten auf § 1569 BGB. gestützt ist; eine den Tatbestand des § 1569 BGB. erfüllende Geisteskrankheit schließt das Vorhandensein der Prozeßfähigkeit nicht ohne weiteres aus. W. 17, 233, 30, 63.

§ 56 ZPO.

S. 99 Anm. 4 Z. 14:

Dies gilt auch von der Frage, ob die Mängel durch **Genehmigung der Prozeßführung** seitens des Berechtigten geheilt sind. RG. 126, 263.

§ 57 ZPO.

S. 99 Anm. 2 Z. 1:

Für die **Klagpartei** kommt § 57 **nicht** in Betracht. RG. 129, 108.

§ 61 ZPO.

S. 102 Anm. 2 a. E.:

Einem **nicht notwendigen Streitgenossen** kann nicht der **Eid** über eine Tatsache zugeschoben werden, die nur für die Haftung des anderen Streitgenossen von Bedeutung ist (z. B. nicht Eideszuschiebung an den hauptschuldnerischen Streitgenossen darüber, daß er [zugleich] als Vertreter des als Mitschuldner oder Bürge in Anspruch genommenen anderen Streitgenossen die Schuld- oder Bürgschaftsübernahme erklärt habe). JW. 30, 3328. Er kann aber auch nicht als Zeuge hierüber vernommen werden. Vorbem. vor § 373 S. 519 (str.). Dagegen ist die Auferlegung eines richterlichen Eides hierüber an ihn möglich nach § 476. Anm. 2 dort, JW. 30, 3328.

§ 66 ZPO.

S. 108 Anm. 1 letzte Zeile:

Anderseits hat auch derjenige, der wie der Kläger auch einen Anspruch gegen den Beklagten auf Grund des nämlichen Tatbestandes zu haben behauptet, ein **rechtliches Interesse** am Obsiegen des Klägers und somit daran, dem Kläger als **Nebenintervenient** beizutreten, da im Falle des Unterliegens des Klägers auch sein Anspruch gefährdet ist (str.). JRHR. 30, 254.

§ 72 ZPO.

S. 119 Anm. 1 a. E.:

Es genügt zur **Rechtmäßigkeit der Streitverkündung**, insbesondere mit Rücksicht auf die Wirkung eines früheren Urteils nach § 68, daß der Streitverkünder, der einen Schadensersatzanspruch geltend macht, glaubt, im Falle seines Unterliegens den jetzigen Gegner, den Streitverkündeten, (jedenfalls) wegen des Schadensersatzes in Anspruch nehmen zu können (welcher Glaube aus dem demnächstigen Betreiben des Rechtsstreits wegen desselben Schadensersatzes gegen den Streitverkündeten rückbezüglich entnommen werden kann); ist die Sach- und Rechtslage eine derartige, daß entweder der jetzige Gegner oder der Streitverkündete in gleicher Weise für den streitigen Schaden haftet und daß bei Durchführung der Haftung gegen einen der beiden die Haftung des anderen sich erledigt, so ist es für die Rechtmäßigkeit der Streitverkündung unschädlich, wenn der Rechtsgrund der Haftung des jetzigen Gegners ein anderer ist als der Rechtsgrund der Haftung des Streitverkündeten, also wenn das Rückgriffsrecht, das der Streitverkünder, im Falle des Unterliegens gegen den jetzigen Gegner, gegen den Streitverkündeten zu haben glaubt, aus einem anderen selbständigen Rechtsgrunde (z. B. Haftung nicht aus Versicherungsvertrag mit dem jetzigen Gegner, wohl aber aus Versicherungsvertrag mit dem Streitverkündeten) hergeleitet wird. RG. 130, 299.

§ 74 ZPO.

S. 121 Anm. 3 Z. 8 von oben:

In letzterer Hinsicht liegt dann kein Fall der in § 74 Abs. 1 geregelten Art vor, sondern ein Fall des § 74 Abs. 2, bei dem der **Streitverkündete** den **Beitritt abgelehnt** oder sich auf die Streitverkündung nicht erklärt hat; kommt es hierbei in dem **Nachverfahren** darauf an, inwieweit das Gericht nach § 68 an die Entscheidung in dem früheren Verfahren gebunden ist, so ist zunächst zu prüfen (s. Anm. 2), ob die formellen Voraussetzungen von § 73 und die sachlichen von § 72 für die Streitverkündung vorliegen. RG. 130, 299.

§ 80 ZPO.

S. 127 Vorbem. vor § 80 a. E.:

; RG. 54, 275, 54, 278, 128, 236 (geht die **Prozeßvollmacht** über den Rahmen des § 81 hinaus, berechtigt sie z. B. auch zur Entgegennahme des Streitgegenstandes, so unterliegt sie insoweit der **Verstempelung**).

§ 80 ZPO.

S. 128 Anm. 3 Z. 1:

Zu den Gerichtsakten abzugeben. D. i. zu den Akten des einzelnen Prozesses. Diesem Erfordernis genügt der Prozeßbevollmächtigte nicht dadurch, daß er sich auf eine angeblich bei Generalakten des Gerichts niedergelegte **Vollmacht** bezieht. JW. 30, 2082.

§ 84 ZPO.

S. 131 Anm. 1a Z. 1:

Die **Zustellung** eines Urteils **an einen der mehreren Prozeßbevollmächtigten** setzt die Rechtsmittelfrist in Lauf, auch wenn dieser in der Urteilsformel nicht aufgeführt ist und auch wenn der andere Prozeßbevollmächtigte von der Zustellung **keine Kenntnis** hat. Wird beiden Prozeßbevollmächtigten nacheinander zugestellt, so ist für den Fristablauf die erste Zustellung maßgebend. JW. 30, 1118[2].

§ 86 ZPO.

S. 132 Anm. 3 Z. 4 **von unten:**

Desgleichen die **vom Nachlaßverwalter erteilte Prozeßvollmacht,** wenn die Nachlaßverwaltung aufgehoben wird und die Erben in den Rechtsstreit eintreten. Anm. 6 § 241.

§ 87 ZPO.

S. 133 Anm. 1 a. E.:

— Eine dem § 87 entsprechende Vorschrift fehlt in der StPO. Die Bevollmächtigung oder **Ermächtigung des Verteidigers** z. B. zur Einlegung oder Zurücknahme eines Rechtsmittels oder zum Verzicht auf ein Rechtsmittel kann jederzeit, auch durch eine nur mündliche Erklärung, **vom Angeklagten** wirksam **widerrufen** werden, ohne daß der Widerruf einer Mitteilung an das Gericht oder die Staatsanwaltschaft bedarf. RG. 64, 167.

§ 88 ZPO.

S. 134 Anm. 2 Z. 3 **von oben:**

(Armenrechtsgesuch für die höhere Instanz), OLG. 6, 424 (einstweilige Verfügung); jedoch bestritten, nach anderer im Schrifttum herrschenden Meinung ist § 88 Abs. 2 sinngemäß dahin auszulegen, daß die **Prüfung der Vollmacht** von Amts wegen in denjenigen Verfahren, für die der Anwaltszwang besteht (§ 78 Abs. 1), für den ganzen Prozeß in allen seinen Abschnitten, z. B. auch im Verfahren vor dem beauftragten oder ersuchten Richter, allgemein **ausgeschlossen** ist, so auch JW. 30, 1526, OLG. 2, 209, 3, 215.

§ 88 ZPO.

S. 135 Anm. 3 Z. 5 **von oben:**

Wird ein **Rechtsmittel** zwar namens einer dazu befugten Partei, aber ohne deren Wissen und Willen **durch einen nicht bevollmächtigten Anwalt** eingelegt und von der Partei auch nicht genehmigt, so ist es wegen Fehlens einer Prozeßvoraussetzung als unstatthaft zu verwerfen; der nicht bevollmächtigte Anwalt ist hinsichtlich der Kostenpflicht als Partei anzusehen und in die Kosten des von ihm ohne Erfolg eingelegten Rechtsmittels zu verurteilen. RG. 66, 38, Gr. 46, 1171 und JW. 30, 1489[6] (hier angewandt auf einen Fall, in dem infolge Parteiverwechselung Revision für eine falsche Partei eingelegt war, der betreffende Anwalt nach Erkennen des Irrtums um Rückgabe der Revisionsschrift gebeten, aber Rücknahme der Revision abgelehnt hatte [str., ob auf diesen Fall der Grundsatz anwendbar]).

Vorbem. vor § 91 ZPO.

S. 138 **Vorbem. Abs. 4 letzte Zeile:**

Dies gilt auch von Aufwendungen, die im Kostenfestsetzungsverfahren nach § 91 nicht erstattungsfähig sind, aber doch unmittelbar die Führung des Rechtsstreits betrafen und darum sich auch als **Prozeßkosten** darstellen, sowie, da die ZPO. die Kostenerstattungspflicht sowohl nach dem Umfang wie nach der Verfahrensseite erschöpfend regelt, in der Regel auch dann, wenn in dem **besonderen Prozeß** ein Kostenerstattungsanspruch auf materielles Recht (z. B. auf Schadensersatzpflicht nach § 826 BGB.) gegründet wird. JW. 30, 3369[1].

Vorbem. vor § 91 ZPO.

S. 139 Vorbem. Abs. 4 a. E.:

Überhaupt gibt es außer einem verfahrensrechtlichen an sich auch einen **sachlichrechtlichen** (materiellrechtlichen) **Anspruch auf Erstattung von Kosten eines Rechtsstreits;** er kann namentlich durch unerlaubte Handlung oder durch Verzug in Erfüllung von Vertragspflichten hervorgerufen werden. Aber dieser Anspruch hat hinsichtlich seiner Geltendmachung nur für solche Fälle praktische Bedeutung, in denen es an einem vollstreckbaren Titel fehlt, wie z. B., wenn es gar nicht zur Einreichung einer Klage kommt, weil der Anwalt den Streit durch Vergleich erledigt, oder wenn aus gleichem Grunde die Klage vor oder nach ihrer Zustellung zurückgenommen wird. Ist dagegen ein solcher Titel vorhanden, so kann nach § 103 der Anspruch auf Erstattung der Kosten nur auf Grund dieses Titels und in dem durch §§ 103—107 geregelten Verfahren als einer abschließenden Sonderregelung geltend gemacht werden. RG. 130, 218. Daher können Kosten, die nicht in dem durch die ZPO. geregelten Verfahren geltend gemacht oder die dort aberkannt worden sind (z. B. eine Korrespondenzgebühr eines Anwalts), überhaupt nicht ersetzt verlangt werden, insbesondere nicht in einem besonderen Prozeß aus sachlichrechtlichem Grunde, wie dem der unerlaubten Handlung oder des vertraglichen Verschuldens. RG. 130, 219.

§ 91 ZPO.

S. 142 Anm. 1b Z. 15 von oben:

Hat der Beklagte, nachdem er gegen ein zu seinen Ungunsten ergangenes vorläufig vollstreckbares Urteil Berufung eingelegt hat und dann das Urteil (z. B. auf Räumung einer Wohnung) vollstreckt worden ist, auf Wiederherstellung des früheren Zustandes (z. B. Wiedereinweisung in die zwangsweise geräumte Wohnung) **verzichtet, trotzdem** aber die **Berufung** unter Bestreitung des Klaganspruchs **weitergeführt,** so braucht der Kläger nicht den Rechtsstreit für erledigt anzusehen, vielmehr kann er bei dem Antrag auf Zurückweisung der Berufung beharren, und treffen, wenn die erstinstanzliche Verurteilung des Beklagten mit Recht erfolgt ist, den Beklagten auch die Kosten der Berufungsinstanz. RG. 130, 394.

§ 91 ZPO.

S. 143 Anm. 2 Z. 12 von unten:

— Zu den Kosten des Rechtsstreits, die grundsätzlich der Festsetzung nach §§ 103ff. unterliegen, gehören auch die **Kosten der Ausfertigung** und **Zustellung des Urteils;** dem steht § 788 Abs. 1 Satz 2 nicht entgegen, da dort nur bestimmt ist, daß diese Kosten auch ohne Festsetzung zugleich mit dem zur Zwangsvollstreckung stehenden Anspruch beigetrieben werden können (Anm. 3 § 788). JW. 30, 3352.

§ 91 ZPO.

S. 145 Anm. 6 Z. 2 von oben hinter „Auch eines":

: beim Prozeßgericht zugelassenen Rechtsanwalts, JW. 29, 1755;

§ 91 ZPO.

S. 146 Anm. 10 Z. 10 von unten:

Die Reisekosten des Anwalts sind auch dann zu erstatten, wenn er, ohne daß ihm oder der Partei ein Verschulden zur Last fällt, den Termin nicht hat wahrnehmen können (z. B. infolge einer Kraftwagenpanne). JW. 29, 1693.

§ 92 ZPO.

S. 148 Anm. 1a Z. 4 von oben:

Jedoch ist für die **Aufhebung der Kosten gegeneinander** nicht Voraussetzung, daß der abgewiesene Teil des Anspruchs des Klägers genau so groß ist wie der dem Kläger zuerkannte. W. 30, 220.

§ 93 ZPO.

S. 151 Anm. 2 a. E.:

— Aus § 93 ist der Grundsatz zu entnehmen, daß, wenn die Klage zunächst begründet war, aber durch eine nach Klagerhebung eingetretene, nicht auf dem Verhalten des Klägers beruhende Veränderung der Verhältnisse unbegründet wurde, und wenn der **Kläger** den **Wegfall seines Anspruchs** sofort **anerkennt**, der Beklagte die Kosten des Verfahrens zu tragen hat. JW. 30, 3029 (s. aber auch § 91 Anm. 1b).

§ 97 Abs. 2 ZPO.

S. 155 Anm. 6 Z. 5:

Jedoch erfordert die Anwendung des Abs. 2, daß die Partei zur Geltendmachung des Vorbringens in 1. Instanz nicht nur in der Lage, sondern auch vom Standpunkt einer vernünftigen, gewissenhaften Prozeßführung verpflichtet war. Daher kann der in 1. Instanz siegreich gewesenen Partei in der Regel aus der **Zurückhaltung von Rechtsbehelfen** kein Vorwurf gemacht werden. RG. 127, 65.

§ 99 ZPO.

S. 157 Anm. 2 Z. 8 von oben:

Ebenso findet Berufung (nicht sofortige Beschwerde) gegen ein Urteil statt, das über einen auf die **Kostenentscheidung beschränkten Widerspruch** gegen eine einstweilige Verfügung entscheidet. JW. 29, 3189.

§ 99 ZPO.

S. 157 Anm. 4 Z. 9 von unten:

Daher kann eine Partei, die durch die Entscheidung in der **Hauptsache nicht beschwert** ist und der deshalb keine Berufung in der Hauptsache zusteht, auch **die Entscheidung über den Kostenpunkt** nicht anfechten. JW. 30, 657.

§ 99 ZPO.

S. 160 Anm. 6 Z. 5 von unten:

So liegen z. B., wenn der Beklagte, nachdem gegen ihn auf sofortige Zahlung eines fälligen und ferner auf künftige Zahlung eines weiteren erst später fällig werdenden Betrages geklagt worden ist, den fälligen Betrag vor dem ersten Verhandlungstermin zahlt und den Anspruch auf den künftig fälligen Betrag im ersten Verhandlungstermin sofort anerkennt, und wenn dann das Gericht die Kosten, soweit sie den gezahlten Betrag betreffen, dem Beklagten, soweit sie den anerkannten Anspruch betreffen, dem Kläger nach §§ 91, 92, 93 in gesonderten Quoten auferlegt, zwei gesonderte Kostenentscheidungen vor und ist, falls die Beschwerdesummen gegeben sind, gegen die zuletzt genannte, das Anerkenntnis betreffende Kostenentscheidung die Berufung und gegebenenfalls auch die Revision zulässig. W. 30, 64.

§ 99 ZPO.

S. 161 Anm. 7 Z. 6 von oben:

Ferner wird durch ein **Anerkenntnis** des Beklagten **unter Protest gegen die Kostenlast** der Klaganspruch in der Hauptsache nicht erledigt, wenn der Kläger es unterläßt, einen Antrag auf Anerkenntnisurteil zu stellen, und ist es nicht zulässig, über die Kosten allein zu entscheiden, solange nicht eine Entscheidung in der Hauptsache ergangen ist. JW. 30, 3340.

§ 99 ZPO.

S. 161 Anm. 7 a. E.:

— Wenn sich in der Zwischenzeit **zwischen Einreichung und Zustellung der Klage** die Hauptsache erledigt und den Beklagten die Verantwortung trifft, daß sie sich nicht schon vor Einreichung der Klage erledigt hat, so kann der Kläger unter dem Gesichtspunkt des Schadensersatzes verlangen, daß der Beklagte die Kosten trägt. Er kann diesen Anspruch in einem gesonderten Prozeß geltend machen; er kann ihn aber auch im Wege der Klagänderung in den wegen der nun erledigten Hauptsache anhängig gewordenen Prozeß einführen. Geschieht letzteres, so bildet nunmehr der Anspruch wegen der Kosten die Hauptsache des anhängigen Prozesses. Daher findet Abs. 3 keine Anwendung und ist das Rechtsmittel gegen die Entscheidung nicht die Beschwerde, sondern die Berufung. W. 29, 20, vgl. aber JW. 30, 167 (Sache des Schuldners gepfändet, Klage aus § 767 gegen den Gläubiger, die auf Aufrechnung gegen dessen Anspruch gestützt ist, vor Zustellung der Klage die Pfändung vom Gläubiger aufgehoben, Fortsetzung des Rechtsstreits ohne Klagänderung nur wegen der Kosten: hier Rechtsmittel gegen die Kostenentscheidung die Beschwerde).

§ 99 ZPO.

S. 161 Anm. 7 a. E.:

— Die Entscheidung über den Kostenpunkt, gegen die die sofortige Beschwerde stattfindet, begreift nur eine solche Entscheidung, die gemäß den Kostenbestimmungen der ZPO. ergangen ist; **stützt sich** die **Kostenentscheidung** zum Teil **auf außerprozessuale Vorschriften** (z. B. auf Schadensersatz wegen positiver Vertragsverletzung oder unerlaubter Handlung nach BGB.), so fällt sie insoweit nicht unter § 99 Abs. 3 und ist sie insoweit, vorausgesetzt (§ 253 Abs. 2 Nr. 2), daß der betreffende Kostenbetrag ziffernmäßig besonders bestimmt und daß die Beschwerdesumme gegeben ist, nur mit der Berufung bzw. Revision anfechtbar. JW. 30, 2990.

§ 100 ZPO.

S. 162 Anm. 1a a. E.:

Sind den unterlegenen Streitgenossen die Kosten schlechthin (ohne Teilung unter ihnen) auferlegt worden, so liegt eine „Entscheidung über die Kostenverteilung" im vorstehenden Sinne nicht vor; die Streitgenossen haften deshalb der Staatskasse für die Gerichtskosten als Gesamtschuldner, obwohl sie nach der Regel des § 100 Abs. 1 im Verhältnis zum obsiegenden Gegner für die Kostenerstattung nur nach Kopfteilen haften (s. Anm. 2). Diese durch § 87 GKG. begründete **Gesamtkostenhaftung der Streitgenossen** dem Staate gegenüber ist nicht auf die Fälle beschränkt, wo der Streitgegenstand für die Streitgenossen derselbe ist; vielmehr besteht die Gesamthaftung auch dann, wenn die einzelnen Streitgenossen verschiedene Ansprüche geltend gemacht haben oder wenn gegen sie verschiedene Ansprüche erhoben worden sind. RG. 131, 339.

§ 101 ZPO.

S. 164 Anm. 3 Z. 11 von oben:

Hat die **Hauptpartei und auch** der **Nebenintervenient** ein **Rechtsmittel** eingelegt und wird das Rechtsmittel zurückgewiesen, so fallen der Hauptpartei auch die durch das Rechtsmittel des Nebenintervenienten, das als für sie eingelegt gilt, entstandenen **Kosten** zur Last, während dem Nebenintervenienten nur die durch die Nebenintervention besonders verursachten Kosten aufzuerlegen sind. JW. 30, 3627[11].

§ 101 ZPO.

S. 164 Anm. 3 Z. 12 von unten:

Der Nebenintervenient kann aber Ergänzung des eine **Entscheidung über** die **Kosten der Nebenintervention nicht** enthaltenden Urteils gemäß § 321 beantragen. Vgl. Anm. 4 § 308, JRHR. 30, 812.

§ 103 ZPO.

S. 168 Anm. 3 Z. 8 von oben:

Im Falle der **Zurücknahme der Klage** bedarf es zur Schaffung eines zur Kostenfestsetzung erforderlichen **Vollstreckungstitels** des Ausspruchs der Kostenpflicht durch Urteil nach § 271 Abs. 3 Satz 2. JW. 30, 3030.

§ 106 ZPO.

S. 174 Anm. 3 a. E.:

Jedoch nach der jetzt herrschend gewordenen Meinung gehört in die **Ausgleichrechnung** die **Gebühr aus** § 23 Nr. 3 RAGebO., die **für die Festsetzung** der „vom Gegner zu erstattenden" Prozeßkosten gewährt wird, überhaupt nicht; sie ist nur am Schluß der Ausgleichsberechnung dem Anwalt derjenigen Partei, die im Ergebnis einen Erstattungsanspruch hat, zuzuschlagen, und zwar nach dem Objekt des ermittelten Festsetzungsbetrages, während der Gegenanwalt nur seiner Partei gegenüber (außergerichtlich) die Gebühr nach dem nämlichen Objekt liquidieren kann. JW. 30, 3868.

§ 108 ZPO.

S. 176 Anm. 3 a. E.:

Auch wenn nach Erlaß eines die Sicherheitsleistung anordnenden Urteils die **Art der Sicherheitsleistung** (z. B. durch Bürgschaft) **nachträglich bestimmt** wird, ist gegen den Beschluß Beschwerde nicht zulässig, da sie weder im § 108 besonders vorgesehen noch ein Gesuch zurückgewiesen ist (§ 567 Abs. 1) noch § 793 zutrifft, indem die Entscheidung, wenn auch nach dem Urteil ergangen, doch nicht im Zwangsvollstreckungsverfahren erfolgt ist, sie auch nicht als ein die Zwangsvollstreckung vorbereitender Akt angesehen werden kann. JW. 30, 3865.

§ 109 ZPO.

S. 178 Anm. 2 Z. 4 von oben:

Die **Veranlassung zur Sicherheitsleistung** besteht eben in der Möglichkeit des Schadens, der dem Gegner aus der Einstellung der Zwangsvollstreckung aus dem vorläufig vollstreckbaren Urteil erwachsen kann, wenn diese sich als **ungerechtfertigt** erweist. Das ist aber nur der Fall, wenn das Urteil selbst, dessen Vollstreckung durch die Einstellung abgewendet werden soll, aufgehoben wird. JW. 30, 2803. Deshalb findet § 109 keine Anwendung, wenn die zunächst nur gegen Sicherheitsleistung bewilligte Einstellung der Zwangsvollstreckung gemäß §§ 707, 719 später schlechthin erfolgt ist (z. B. weil der die Einstellung Begehrende sich zur Sicherheitsleistung außerstande erklärt hat und ihm bei der Vermögenslosigkeit des Gegners die Vollstreckung einen nicht wieder zu ersetzenden Schaden verursachen würde). JW. 30, 2803.

§ 110 ZPO.

S. 181 Anm. 2 a. E.:

Nimmt der **inländische Kläger** in Wahrheit die **Rechte eines Ausländers** wahr, indem ihm der Anspruch vom Ausländer abgetreten ist, damit dieser der Sicherheitsleistung entgehe, oder indem auch nur zum Inkasso die Abtretung erfolgt ist, so ist ein solcher Kläger ebenso sicherheitsleistungspflichtig, wie der Ausländer es wäre, wenn er selbst als Kläger auftreten würde. JW. 25, 1306, JRHR. 30, 351.

§ 110 ZPO.

S. 181 Anm. 2 a. E.:

Im Patentstreit gilt als auf Antrag **sicherheitspflichtiger** Kläger (**Antragsteller** im Sinne des § 28 Abs. 5 PatG.) auch der die Entscheidung des Reichspatentamts mit der Berufung anfechtende Ausländer. RG. 127, 194.

§ 110 ZPO.

S. 181 Anm. 3 a. E.:

— Nach § 28 Abs. 5 PatG. hat im Verfahren auf Erklärung der **Nichtigkeit eines Patents** der **im Ausland wohnende Antragsteller** dem Gegner auf dessen Verlangen **Sicherheit** für die Prozeßkosten zu leisten. In RG. 127, 194 ist angenommen, daß als „Antragsteller" im Sinne dieser Vorschrift im Berufungsverfahren vor dem Reichsgericht auch der im Ausland wohnende Beklagte (erstinstanzlicher Antragsgegner), wenn er der Berufungskläger ist, anzusehen sei (s. dagegen Bemerkung zu diesem Beschluß in JW. 30, 2224).

§ 112 ZPO.

S. 183 Anm. 2 a. E.:

Sicherheitsleistung **einschließlich** der dem Gegner **außergerichtlich** erwachsenden **Kosten.** RG. 127, 194.

§ 114 ZPO.

S. 184 Anm. 1:

Bei Prüfung des Unvermögens ist nicht nur das Einkommen, sondern auch **das realisierbare Vermögen zu berücksichtigen**; je nach den obwaltenden Umständen kann von der Partei, bevor sie das Armenrecht nachsucht, verlangt werden, daß sie zur Bestreitung der Prozeßkosten ihr verfügbares Kapitalvermögen insbesondere zunächst in Angriff nimmt. JW. 30, 1520.

§ 114 ZPO.

S. 184 Anm. 2 Z. 5 von oben (in der Klammer):

, und W. 30, 19, wo ausgesprochen ist, daß einer **offenen Handelsgesellschaft** sowie einer **Kommanditgesellschaft,** da hier die Gesellschafter Träger der Parteirolle seien, das **Armenrecht** zu bewilligen sei, wenn Gemeinschaftsvermögen und Eigenvermögen nicht ausreichen, um die Führung eines Prozesses zu ermöglichen).

Daselbst Z. 9 von oben (in der Klammer):

ferner der Beschluß in W. 30, 65 (Gr. 71, 396) [zu dessen Zustellung und Rechtswirksamkeit es allerdings nicht gekommen ist]: **Dem Testamentsvollstrecker** kann, da er, wenn auch nicht durch den Willen des Erben, sondern kraft Amtes, tatsächlich an Stelle des Erben steht, das **Armenrecht bewilligt** werden, wenn er ein seiner Verwaltung unterliegendes **Recht** geltend macht oder gegen ihn ein gegen den Nachlaß gerichteter Anspruch geltend gemacht wird und sowohl der Nachlaß als auch die Erben zur Bestreitung der Kosten unvermögend sind, W. 30, 65).

§ 114 ZPO.

S. 185 Anm. 2 Z. 2 von unten:

Ist die **Partei nur vorgeschoben,** damit sie als arme Partei ausschließlich die Rechte anderer wahrnimmt, so ist ihr Armenrechtsgesuch wegen **Mißbrauchs des Armenrechts** abzulehnen. Vgl. JW. 30, 1528.

§ 114 ZPO.

S. 185 Anm. 3 Z. 2 von unten:

Dem Beklagten, der auf Herausgabe einer Sache belangt ist, kann nicht deswegen, weil er **nur ein Zurückbehaltungsrecht einwenden** kann, das Armenrecht lediglich zu einem dem Wert des Zurückbehaltungsrechts entsprechenden Teil bewilligt, im übrigen versagt werden, da das Zurückbehaltungsrecht die ganze im Streit befangene Sache ergreift. JW. 30, 2077.

§ 114 ZPO.

S. 185 Anm. 3 Z. 2 von unten:

Als herrschende Meinung ist zu bezeichnen:

In **Ehe- und Familienstandsachen** ist der **beklagten Partei** das **Armenrecht in jedem Falle** zu bewilligen, ganz gleich, ob die Rechtsverteidigung aussichtslos oder mutwillig ist oder nicht, also auch dann, wenn der Beklagte die Tatsachen, auf die in schlüssiger Weise die Klage gestützt wird, nicht bestreitet und keinerlei Einwendungen sonstiger Art erhebt sowie wenn der Rechtsstreit schon ohnehin zur Klagabweisung reif ist. JW. 25, 2151, 27, 857, 1657, OLG. 20, 393, 39, 47 (a. M. JW. 24, 982, 30, 179, 1096, 2990, 3563, 3643).

§ 114 ZPO.

S. 185 Anm. 3 Z. 2 von unten:

Diese bisher herrschende Meinung (s. vorstehend), daß **in nichtvermögensrechtlichen Streitigkeiten** (Ehesachen namentlich, auch Kindschaftssachen [§§ 640ff.]) **dem Beklagten das Armenrecht ohne Rücksicht** darauf zu gewähren sei, **ob** seine Rechtsverteidigung **aussichtsvoll** ist oder nicht, wird neuerdings als unrichtig angefochten. In JW. 30, 2990 ist in einem Ehescheidungsprozeß dem Beklagten das Armenrecht **versagt**, weil die Klage ohnehin zur Abweisung reif sei, und in JW. 30, 3563, 3643 ist dem auf die Feststellungsklage, daß er nicht das eheliche Kind des Klägers sei, verurteilten Beklagten das Armenrecht versagt, weil er gegen die Klage nichts vorzubringen vermöge. — Für eine beim Landgericht zu erhebende Klage ist das Armenrecht auch dann wegen Aussichtslosigkeit zu versagen, wenn **nur ein die** Grenze für die **Zuständigkeit des Landgerichts nicht erreichender Teil** des Anspruchs **begründet** erscheint, mag auch der Kläger den übrigen Teil seines Anspruchs außerhalb des Armenrechts geltend machen und damit die Zuständigkeitsgrenze erreicht werden. JW. 29, 3187.

§ 114 ZPO.

S. 185 Anm. 4 Z. 8 von unten:

Litauen, JW. 29, 2615.

§ 114 ZPO.

S. 186 Anm. 4 Z. 2 von unten:

Letten als Kläger (JW. 25, 1299, 29, 418), wohl aber als Beklagte (JW. 29, 1599).

§ 115 ZPO.

S. 188 Anm. 5 aaa Z. 4 von oben:

Ferner hat der Armenanwalt gegen die Staatskasse Anspruch auf **Erstattung der Umsatzsteuer** für die Armenanwaltsgebühren. JW. 30, 3871, 3872.

§ 115 ZPO.

Daselbst Anm. 5 abb a. E.:

Vgl. darüber, inwieweit dem für die 1. Instanz beigeordneten Armenanwalt auch **Auslagen, die nach Erlaß des Urteils** ihm als erstinstanzlichem Anwalt erwachsen sind, aus der Staatskasse zu erstatten sind, JW. 30, 3354, 3370.

§ 115 ZPO.

S. 188 Anm. 5 aaa Z. 4 von oben:

— **Für** das **Gesuch um Kostenerstattung** aus der Staatskasse **kann** der Armenanwalt Schreibgebühren **nicht** beanspruchen. RG. 103, 345, W. 30, 228.

§ 115 ZPO.

S. 188 Anm. 5 abb Z. 4 von oben:

Über die streitige Frage (drei Meinungen werden vertreten), wie die vom Staate zu erstattenden Anwaltsgebühren zu berechnen sind, wenn das **Armenrecht** für den ganzen Streitgegenstand, aber **nur zu einem Bruchteil** der entstehenden Kosten gewährt worden ist (§ 115 Abs. 2), vgl. JW. 26, 71, 849, 28, 124 (als herrschende Meinung zu bezeichnen: von jeder nach der RAGebO. berechneten Gebühr ist der Bruchteil zu errechnen, der dem Armenrechtsbruchteil entspricht, und, falls das Ergebnis den Höchstbetrag der nach dem ArmAnwG. möglichen Gebühren übersteigt, ist es auf diesen Höchstbetrag zu ermäßigen), JW. 29, 134 (zweite Meinung), JW. 30, 3359 (dritte Meinung).

§ 115 ZPO.

S. 188 Anm. 5abb Z. 8 von oben:

Auch **Reisekosten des Anwalts** sind, wenn sie zweckmäßig waren (z. B. zu auswärtigen Beweisterminen), zu ersetzen. JW. 30, 3356.

§ 115 ZPO.

S. 189 Anm. 5acc Z. 16 von oben:

Gleiches gilt von **Vorschußzahlungen,** die der **Anwalt zunächst als Wahlanwalt** von seinem Auftraggeber rechtmäßig erhalten hat; er kann sie unbeschränkt behalten und muß sie auf die vor und nach der Bestellung zum Armenanwalt erwachsenen Gebühren anrechnen, so daß der angerechnete Betrag nicht aus der Staatskasse ersetzt verlangt werden kann. W. 30, 38.

§ 115 ZPO.

S. 189 Anm. 5acc a. E.:

Über die Frage, ob und unter welchen Voraussetzungen die Staatskasse gegenüber dem Ersatzanspruch des Armenanwalts die **Einrede der Verjährung** mit Erfolg erheben kann, s. JW. 30, 576.

§ 115 ZPO.

S. 189 Anm. 5a Z. 11:

Vorschußzahlungen, die der nachträglich beigeordnete **Armenanwalt früher als Wahlanwalt** erhalten hat, darf er unbeschränkt behalten; er muß daher den etwa überschießenden Betrag **auf** die **nach** der **Beiordnung erwachsenen Gebühren** und Auslagen **verrechnen** und kann insoweit (wegen vermeintlicher Verpflichtung zur Rückzahlung an seine Partei) nicht Erstattung aus der Staatskasse verlangen. RG. 126, 300.

§ 115 ZPO.

S. 190 Anm. 5a a. E.:

Sind die **Kosten** des Rechtsstreits **zwischen** der **armen Partei und** dem **Gegner nach Bruchteilen geteilt,** so muß die Staatskasse, wenn sie gegen den Gegner der armen Partei Ansprüche auf Erstattung des an den Armenanwalt Gezahlten nach § 5 ArmAnwG. erheben will, dem Gegner zunächst eine Vorrechnung seiner Kosten nach Maßgabe des § 106, der entsprechend anzuwenden ist, ermöglichen; stehen dem Armenanwalt noch Ansprüche auf Erstattung weiterer Gebühren als der ihm von der Staatskasse bezahlten gegen den Gegner nach § 124 zu, so dürfen diese Ansprüche durch Geltendmachung der Erstattungsansprüche der Staatskasse gegen den Gegner nicht beeinträchtigt werden. JW. 30, 1095. Bei solcher Kostenteilung ist der dem Armenanwalt aus der Staatskasse erstattete Betrag zunächst auf den vom Gegner nicht zu erstattenden Teil der Kosten anzurechnen. JW. 30, 664.

§ 115 ZPO.

S. 190 Anm. 5a a. E.:

Hat, nachdem der Gegner der armen Partei durch vorläufig vollstreckbares Urteil in die Prozeßkosten verurteilt worden war und sonach der Armenanwalt einen Anspruch auf Erstattung seiner Gebühren gegen den Gegner aus § 124 erlangt hatte, der Armenanwalt Gebühren aus der Staatskasse gezahlt erhalten, so wird der auf die Staatskasse nach § 5 ArmAnwG. übergegangene **Erstattungsanspruch** gegen den Gegner **nicht** dadurch **berührt,** daß die Parteien unter Abstandnahme von Rechtsmitteln gegen das Urteil den Rechtsstreit **durch außergerichtlichen Vergleich** beendigen, in dem sie die Kostenpflicht anderweitig regeln. JW. 30, 1092 (str.).

§ 115 ZPO.

S. 190 Anm. 5 aii Z. 5 von oben:

Da das **Recht des Armenanwalts** aus § 124, seine **Gebühren von dem** in die Prozeßkosten verurteilten **Gegner** unmittelbar beizutreiben, seiner Natur nach ein Pfandrecht an dem Erstattungsanspruch der armen Partei gegen den Gegner ist, tritt, soweit dieses Recht **auf die Staatskasse übergeht,** es im Range hinter das **Pfandrecht** zurück das dem Armenanwalt **für** seinen **noch nicht befriedigten Restgebührenanspruch** verbleibt. JW. 30, 2076.

§ 115 ZPO.

S. 190 Anm. 5 akk a. E.:

Wie nach § 124 Abs. 2 dem Armenanwalt, der seine Gebühren und Auslagen von dem in die Kosten verurteilten Gegner erstattet verlangt, abgesehen von der dort genannten Kostenforderung, nicht Aufrechnung mit einer Forderung des Gegners gegen die arme Partei entgegengehalten werden kann, ist auch **gegenüber** dem auf die **Staatskasse übergegangenen Anspruch** des Armenanwalts gegen den kostenpflichtigen Gegner beim Rückgriff der Staatskasse gegen diesen **Aufrechnung** in gleicher Weise **nicht** zulässig. JW. 30, 3357.

§ 115 ZPO.

S. 190 Anm. 5 akk a. E.:

Im Ausgleichsverfahren nach § 106, in dem bei der Berechnung des zu erstattenden Betrages vom Gesamtbetrag der Kosten beider Parteien (ausgenommen die Kosten des Kostenfestsetzungsverfahrens) auszugehen ist, darf der **Betrag, den** der Anwalt der armen Partei **aus der Staatskasse erhalten** hat, **nicht abgesetzt** werden, da dieser Betrag, wenngleich er vom ersatzpflichtigen Gegner zur Staatskasse wieder einzuziehen ist (jedoch nicht in ganzer Höhe, sondern nur in Höhe des auf den Gegner entfallenden Teils, da nur insoweit der Anspruch des Anwalts der armen Partei auf die Staatskasse übergeht), doch nicht Gerichtskosten wird, sondern Parteikosten bleibt. JW. 30, 3346.

§ 115 ZPO.

S. 190 Anm. 5 akk a. E.:

— **An** einer vom ausländischen Kläger **geleisteten Sicherheit** (§ 110) steht dem **Armenanwalt** der verklagten Partei ein **Pfandrecht** wegen seiner Gebühren und Auslagen zu. Soweit diese dem Anwalt aus der Staatskasse erstattet werden, geht sein Anspruch zugleich mit dem Pfandrecht (§§ 412, 401 BGB.) **auf** die **Staatskasse über. Aber** das **ihm wegen** des **überschießenden Gebührenanspruchs** verbleibende **Pfandrecht** geht dem Pfandrecht der Staatskasse **vor.** RG. 126, 178.

§ 115 ZPO.

S. 190 Anm. 7 a. E.:

Daß außer dem der armen Partei beigeordneten, beim Prozeßgericht zugelassenen Anwalt noch **ein auswärtiger Verkehrsanwalt** der armen Partei **beigeordnet** werde, kann nicht verlangt werden, namentlich nicht in der Revisionsinstanz. Für die etwa rechtlich mögliche Beiordnung eines solchen Verkehrsanwalts nach § 34 RAO. ist das Revisionsgericht jedenfalls nicht zuständig. JW. 30, 64[14] (a. M. in letzterer Hinsicht JW. 30, 179).

§ 116 ZPO.

S. 192 Anm. 3 Z. 3 von oben:

Diese **Beiordnung** (z. B. zur Stellung eines **Antrags auf** Erlaß einer **einstweiligen Verfügung** nach § 627, der zu Protokoll der Geschäftsstelle nach §§ 936, 920 Abs. 3 erklärt werden kann, für die arme Partei, der bereits für den Hauptprozeß ein Anwalt beigeordnet ist) steht zwar im Ermessen des Gerichts. Jedoch nach dem auch hier anzuwendenden § 35 RAO. kann im Falle der Ablehnung der Beiordnung im Beschwerdeverfahren nachgeprüft werden, ob von dem Ermessen sachgemäßer Gebrauch gemacht ist und ob nicht die Umstände doch die Beiordnung erheischen. JW. 30, 3358.

§ 117 ZPO.

S. 192 Anm. 2 a. E.:

Ist dem **Beklagten** das **Armenrecht** bewilligt, so ist, da in diesem Falle **§ 120 nicht** gilt (s. dort Anm. 1), also der Kläger nicht von den im § 115 Nr. 1 bezeichneten Kosten einstweilen befreit ist, der Kläger berechtigt, die nach § 77 GKG. von ihm erforderten, in der Instanz entstandenen Kosten von dem in die Prozeßkosten verurteilten armen Gegner erstattet zu verlangen. JW. 30, 665.

§ 118 ZPO.

S. 192 Anm. 1 Z. 2:

Die Beiordnung eines **Armenanwalts für** eine **Beweisaufnahme vor dem ersuchten Richter** ist zulässig, steht aber nur dem Prozeßgericht zu, das jedoch die Auswahl des Anwalts dem ersuchten Richter überlassen kann. JRHR. 30, 818 (a. M. JW. 30, 580: Wird im Verfahren vor dem ersuchten Richter ein Armenrechtsgesuch gestellt, so entscheidet darüber der ersuchte Richter, gegen dessen ablehnende Entscheidung findet Beschwerde an das dem ersuchten Richter übergeordnete Landgericht statt; jedoch ist auch Anrufung der Entscheidung des Prozeßgerichts nach § 576 zulässig). **Trotz Beiordnung durch** ein **unzuständiges Gericht** hat der Armenanwalt Anspruch auf Gebührenerstattung. JRHR. 30, 818.

Die Bewilligung des Armenrechts betrifft nur den Streitgegenstand, der sich aus dem Inhalt des Armenrechtsgesuchs ergibt. **Soll** der **Anspruch des armen Klägers** (Widerklägers) darüber hinaus **erweitert werden,** so ist (mit Rücksicht auf die der Staatskasse nach dem ArmAG. obliegende Erstattung der Anwaltsgebühren) für die Erweiterung das Armenrecht von neuem nachzusuchen und zu prüfen, ob die Erweiterung Aussichten auf Erfolg hat (str.). JRHR. 30, 1859 (a. M. 30, 816).

§ 118 ZPO.

S. 193 Anm. 5 Z. 2:

In Ehescheidungssachen ist ein Armenrechtsgesuch **für** die **Scheidungsklage** nicht schon deshalb abzulehnen, weil als **einziges Beweismittel** die **Vernehmung der Parteien** angegeben ist, da diese (§ 619) ein ausreichendes Mittel zur Erforschung des wahren Sachverhalts sein kann. JW. 30, 579.

§ 119 ZPO.

S. 194 Anm. 1a Z. 1:

Die **Beiordnung als Armenanwalt für die 1. Instanz erstreckt sich** auch auf das Kostenfestsetzungsverfahren einschließlich der Erinnerung (§ 104); nicht aber auf die Beschwerdeinstanz dieses Verfahrens. JW. 30, 3355.

§ 119 ZPO.

S. 194 Anm. 1a Z. 2 von unten:

Die **Beiordnung eines Armenanwalts schlechthin für die Instanz umfaßt** die Vornahme **aller Prozeßhandlungen** im Laufe der Instanz, auch derjenigen, für die eine Vertretung durch Anwälte nicht geboten ist (z. B. die der Mitwirkung beim Abschluß eines außergerichtlichen Vergleichs, selbst nach erfolgter Urteilsverkündung); die Worte „insoweit eine Vertretung durch Anwälte geboten ist" im § 115 Nr. 3 geben eine Begrenzung der Armenanwaltsbeiordnung auch für die Fälle, in denen lediglich für einzelne Prozeßabschnitte, z. B. für Abschluß eines Vergleichs vor dem beauftragten Richter oder für die Zwangsvollstreckung oder für eine unter § 569 Abs. 3 fallende Beschwerde, für die eine Vertretung durch Anwälte nicht geboten ist (§ 78 Abs. 2), das Armenrecht nachgesucht und bewilligt wird. JW. 30, 189, 1095.

§ 119 ZPO.

S. 194 Anm. 1a Z. 3 von oben:

Wird **nach Bewilligung des Armenrechts** der Rechtsstreit **an das zuständige Gericht verwiesen** (§§ 276, 506, 697, 700), so erstreckt sich die Bewilligung auch auf das Verfahren vor dem überwiesenen Gericht. JRHR. 30, 817.

Daselbst Z. 2 von unten:

Die Bewilligung des Armenrechts für die erste Instanz umfaßt auch die Zwangsvollstreckung. JW. 30, 772. Nicht aber Verfahren vor dem Grundbuchamt wie Eintragung einer Zwangshypothek. JRHR. 30, 1761. Es kann auch für die Zwangsvollstreckung allein das Armenrecht bewilligt werden. Anm. 2.

§ 119 ZPO.

S. 194 Anm. 1a Z. 3 von unten:

Es muß also das **Armenrecht für** die **Beschwerdeinstanz** beim Beschwerdegericht nicht bloß zur Einlegung der Beschwerde beim angegriffenen Gericht besonders nachgesucht werden, auch wenn die Beschwerde selbst nicht beim Beschwerdegericht eingereicht wird. Eine Bewilligung des Armenrechts zur Beschwerdeeinlegung durch das angegriffene Gericht hat keine kostenbefreiende Wirkung. W. 30, 224.

§ 119 ZPO.

S. 194 Anm. 1 Z. 8 von oben:

Vor der **Bewilligung des Armenrechts** die Begründetheit des geltend gemachten Anspruchs bzw. der erhobenen Einwendungen durch **Beweiserhebung** zu prüfen, ist **nicht** Sache des Prozeßgerichts, das lediglich die Schlüssigkeit bzw. Erheblichkeit des Vorgebrachten zu beurteilen hat. JW. 30, 187. S. aber § 11 Abs. 3 VO. v. 6./10. 31 (oben unter A).

§ 122 ZPO.

S. 196 Anm. 1 Z. 2:

Ist über den Nachlaß der verstorbenen armen Partei der **Konkurs** eröffnet, so kann der **Armenanwalt Nachzahlung** seiner Gebühren gemäß § 125 **aus dem Nachlaß** verlangen, auf den die Haftung der Erben für die Nachlaßverbindlichkeiten nach § 1975 BGB., §§ 214 ff. KO. beschränkt sind; das Erfordernis für die Nachzahlungspflicht hinsichtlich der Nichtbeeinträchtigung des notwendigen Unterhalts kommt für den Nachlaß nicht in Frage. JW. 30, 1521 (a. M. 30, 2811).

§ 123 ZPO.

S. 196 Anm. 4 Z. 1:

Auch wenn **in einem Vergleich** nicht der Gegner, sondern die **arme Partei** selbst **die Kosten übernommen** hat, können **Gerichtskosten** (Auslagen), für die der Gegner allein oder als Gesamtschuldner mit der armen Partei nach §§ 84, 82 Abs. 1 GKG. der Staatskasse haftet, von denen er nach § 120 einstweilen befreit war, für die er aber trotz des Vergleichs nach § 86 GKG. weiter haftete, **von der Staatskasse** gegen ihn **eingezogen** werden, ohne daß zuvor zwangsweise Beitreibung von der armen Partei nach § 82 Abs. 2 GKG. versucht ist, solange nicht ein die Nachzahlungspflicht aussprechender Beschluß gegen die arme Partei gemäß § 125 ergangen ist. JRHR. 30, 819.

§ 124 ZPO.

S. 197 Anm. 1 a. E.:

— Ist vom ausländischen Kläger Sicherheit nach § 110 geleistet, so **umfaßt** das **Beitreibungsrecht des Armenanwalts** der verklagten Partei **auch** das Recht zur Geltendmachung des seiner Partei zustehenden **Pfandrechts an der Sicherheitsleistung.** RG. 126, 180.

§ 124 ZPO.

S. 197 Anm. 1 a. E.:

— Wird durch den **Tod der armen Partei** die Beiordnung des Armenanwalts für sie erledigt und dann **für die Erben** der Partei ein **anderer Armenanwalt** beigeordnet, so besteht für den ersten Armenanwalt trotz der letzteren Beiordnung und, wiewohl er nicht mehr Parteivertreter im weiteren Verfahren ist, hinsichtlich Erstattung seiner Gebühren für die von ihm entwickelte Tätigkeit eine Anwartschaft, die, wenn demnächst der Gegner in die Prozeßkosten verurteilt wird, zu vollem Recht gemäß § 124 Abs. 1 erwächst. JW. 30, 179.

§ 124 ZPO.

S. 197 Anm. 1 Z. 10 von unten:

Hat die **arme Partei,** sei es persönlich oder durch einen angenommenen Wahlanwalt einen rechtskräftigen **Kostenfestsetzungsbeschluß** gegenüber dem verurteilten Gegner erwirkt, so kann der **Armenanwalt dennoch** aus eigenem Recht die **Festsetzung seiner Gebühren** gegenüber dem Gegner selbst dann betreiben, wenn jener Kostenfestsetzungsbeschluß bereits seine Gebühren mitumfaßte und selbst wenn der Gegner schon den festgesetzten Betrag an die arme Partei gezahlt hat; dem kann der Gegner nach § 124 Abs. 2 eine Einrede aus der Person der armen Partei nicht entgegensetzen, gegen die Gefahr doppelter Zahlung muß er sich dadurch schützen, daß er an den Armenanwalt dessen Gebühren zuerst zahlt und dann die nochmalige Zahlung an die arme Partei verweigert. JW. 30, 183.

§ 125 ZPO.

S. 198 Anm. 5 a. A.:

Es ist ein **Gerichtsbeschluß** erforderlich, **der** die **Nachzahlung anordnet,** da nur dann für alle Beteiligten (Anwalt, Gerichtsvollzieher, Staatskasse) einheitlich entschieden wird, daß die Wirkungen des Armenrechts beendigt sind. JW. 30, 152[1].

§ 125 ZPO.

S. 198 Anm. 2 a. E.:

Aus § 125 ist nichts dafür zu entnehmen, daß dem **Antragsteller** der Instanz, wenn der im Armenrecht streitende Gegner in die Kosten verurteilt ist, die im § 77 GKG. vorgeschriebene **Haftung für die Gerichtskosten gegenüber der Staatskasse** nur dann obliegt, wenn durch Gerichtsbeschluß festgestellt ist, daß er zu dieser Nachzahlung ohne Beeinträchtigung des für ihn und seine Familie notwendigen Unterhalts imstande ist. JW. 30, 3565 Anm. (a. M. JW. 30, 3564).]

§ 126 ZPO.

S. 199 Anm. 4 Z. 2 von oben:

Zugunsten des Armenanwalts wird der Beschluß über die Bewilligung des Armenrechts und seine Beiordnung als Armenanwalt schon vor der Zustellung durch eine zuverlässige mündliche Mitteilung seitens des Gerichts wirksam. JW. 29, 2541.

§ 127 ZPO.

S. 200 Anm. 5 a. E.:

Wenn vor der **Entscheidung über** die **Beschwerde** gegen Versagung des Armenrechts **Instanzurteil** ergeht, ist die Beschwerde für gegenstandslos geworden zu erklären. JRHR. 30, 1653, vgl. Anm. 1a § 119.

§ 130 ZPO.

S. 205 Anm. 6 Z. 11 von unten:

Die Unterschrift muß so **leserlich** sein, daß sie den Schriftsatz als mit dem Willen des Anwalts durch entsprechende Schriftzeichen abgeschlossen erscheinen läßt, wobei etwaige Mängel gemäß § 286 ZPO. nach freier richterlicher Überzeugung zu beurteilen sind. JW. 29, 1658[15].

§ 130 ZPO.

S. 205 Anm. 6 Z. 6 von unten:

Jedoch ist bei gleichzeitiger Einreichung einer nicht mit Unterschrift versehenen Rechtsmittelschrift und einer mit dem Beglaubigungsvermerk und der Unterschrift des Prozeßbevollmächtigten versehenen Abschrift davon die letztere als wirksame Rechtsmittelschrift anzusehen. JW. 30, 2953[31].

§ 137 ZPO.

S. 208 Anm. 2 Z. 4 von unten:

Ein **mündliches Verhandeln zur Sache** kann unter Umständen schon in der bloßen Verlesung der Anträge zur Sache gefunden werden, so dann, wenn die Parteien, sei es auch nur stillschweigend, auf das früher Vorgetragene Bezug nehmen, wenn sie also mit der Verlesung der Anträge selbst ihren Vortrag als beendet ansehen; nicht aber, wenn eine Partei erst, nachdem einem von ihr gestellten Gesuch (z. B. um Bewilligung des Armenrechts) stattgegeben wäre, die Verhandlung zu Ende führen wollte. JW. 30, 141[19].

§ 139 ZPO.

S. 211 Anm. 1 Z. 14 von unten:

So z. B. hat der **Vorsitzende,** wenn der Beklagte die nähere Darlegung einer zur Aufrechnung gestellten Gegenforderung sich vorbehalten hat in der irrigen (Anm. 4 § 304) Meinung, es bedürfe dieser Darlegung in dem Verfahren über den Grund des Anspruchs noch nicht, diesen **Irrtum zu berichtigen** und **auf Ergänzung** der ungenügenden Angaben **hinzuwirken.** JRHR. (RG.) 30, 1763.

§ 139 ZPO.

S. 311 Anm. 1 a. E.:

— Was die **Stellung sachdienlicher Anträge** anlangt, so ist sie, namentlich im Anwaltsprozeß, jedoch in erster Linie Sache der Partei (des Anwalts) und es kann die Gegenpartei sich beschwert fühlen, wenn das Gericht in der Belehrung, wie die Anträge, insbesondere die Klaganträge, zu stellen seien, zu weit ginge. JW. 30, 3331.

§ 141 ZPO.

S. 213 Anm. 4 a. E.:

Unterläßt der Urkundsbeamte die **persönliche Ladung der Partei** und bleibt infolge dessen die Partei aus, so ist eine Verletzung der einem Beamten gegenüber einem Dritten obliegenden Amtspflicht gegeben, die einen Schadensersatzanspruch (z. B. bei unrichtiger ungünstiger Entscheidung zufolge Ausbleibens der Partei) begründen kann. JW. 30, 3546[6] (W. 30, 193).

§ 141 ZPO.

S. 214 Anm. 5 Z. 3 von unten:

— Hat die **Partei** einen **zulässigen Vertreter beauftragt,** für sie im Termin zu erscheinen, so kann gegen sie eine **Strafe** auch dann **nicht** verhängt werden, wenn der Vertreter zwar ausbleibt, aber sein Fernbleiben genügend entschuldigt. JW. 30, 3864.

§ 157 ZPO.

S. 227 Anm. 3 Z. 3 von oben:

Derjenige, der die Vertretung anderer Personen durch mündliches Verhandeln vor Gericht als seine Geschäftstätigkeit ansieht und dieses mündliche Verhandeln vor Gericht auch ausübt oder auszuüben versucht, **betreibt das mündliche Verhandeln geschäftsmäßig,** auch wenn dies im Einzelfall ohne Entgelt geschieht. JW. 30, 1117[1].

§ 164 ZPO.

S. 233 Anm. 2 a. E.:

Handelt es sich bei dem Angriff gegen das Protokoll nicht darum, ob die vorgeschriebenen Förmlichkeiten beobachtet sind, sondern um andere Feststellungen (z. B. Anwesenheit der Parteien bei der Entscheidungsverkündung, s. auch die Fälle in Anm. 1), so findet Satz 2 keine Anwendung und kann die Unrichtigkeit des Protokolls durch jeden Nachweis dargetan werden, ohne daß es des Nachweises der Fälschung bedarf. JW. 30, 643.

§ 164 ZPO.

S. 233 Anm. 2 Z. 2 **von unten:**

§ 419 aber, wonach das Gericht nach freier Überzeugung zu entscheiden hat, inwiefern Durchstreichungen und andere äußere Mängel (z. B. Überschreibungen) die Beweiskraft einer Urkunde beeinträchtigen, findet auch auf das **Sitzungsprotokoll** Anwendung, so daß gegenüber einem mit solchen Mängeln behafteten Protokoll auch die **Unrichtigkeit** durch Augenschein oder sonstige Beweismittel **dargetan** werden kann, ohne daß es des Nachweises der Fälschung bedarf. JW. 30, 3865.

§ 170 ZPO.

S. 239 Anm. 6 a. E.:

Auch bei **Zustellungen** außerhalb des Urteilsverfahrens, insbesondere von vollstreckbaren Urkunden zur Vorbereitung der Zwangsvollstreckung gemäß §§ 795, 750, auf Betreiben des beauftragten Anwalts hat die **Beglaubigung der Abschrift durch** den **Anwalt** zu erfolgen. JW. 30, 581.

§ 181 ZPO.

S. 248 Anm. 5 Z. 5 **von oben:**

Im Verhältnis zu einer **Hausangestellten** gilt der ihr auf Grund des Dienstvertrages Wohnung gewährende **Dienstgeber als Vermieter** im Sinne des § 181 Abs. 2. Daher kann, wenn einer Hausangestellten zugestellt werden soll, Ersatzzustellung nach § 181 Abs. 2 an ihren Dienstgeber wirksam erfolgen. JRHR. (RG.) 30, 1691.

§ 183 ZPO.

S. 250 Anm. 3 Z. 4 **von oben:**

Die Zustellung darf nur an Angestellte gerade des Anwalts, dem zugestellt werden soll, nicht an andere in dem Geschäftslokale beschäftigte Personen erfolgen. JW. 29, 1326[22].

§ 183 ZPO.

S. 250 Anm. 3 Z. 4 **von unten:**

Gleichgültig ist es auch, ob die Dienstleistung des **Anwaltsgehilfen** gegen Bezahlung oder unentgeltlich geschieht, sowie von welcher Art die Dienste sind, die er kraft seines Dienstverhältnisses im Geschäftsbetriebe des Anwalts zu leisten hat, sofern sich nur die **Dienste** auf **geschäftliche Verrichtungen** beziehen, die an sich zu dem Aufgabenkreis des Anwaltsbetriebes gehören, in dem der Gehilfe beschäftigt wird; auch ist es rechtlich von keiner Bedeutung, wenn der Gehilfe zugleich dem Haus- oder Familienstande des Anwalts angehört (z. B. ist die Ehefrau des Anwalts, die in dessen Abwesenheit mit Beaufsichtigung der Anwaltsangestellten im Geschäftslokal betraut und tätig ist, Gehilfin). JW. 30, 2224[14].

§ 187 ZPO.

S. 252 Anm. 3 a. E.:

; wenn die Zustellung im Ausland zu erfolgen hatte (§ 199), aber im Inland erfolgt ist, JW. 29, 3173.

§ 191 ZPO.

S. 255 Anm. 1 Z. 3 von oben:

Ferner ist, wenn feststeht, daß eine Zustellung richtig erfolgt ist, es unschädlich, daß der Zustellungsbeamte **in der Zustellungsurkunde** die **Person**, der zugestellt ist, **unrichtig bezeichnet** hat (z. B. bei Ersatzzustellung an einen Anwalt nach § 183 Abs. 2 irrtümliche Bezeichnung des Ersatzempfängers als Kanzleivorsteher A statt Schreiber B, der auch zulässiger Ersatzempfänger war). JW. 30, 3310[6].

Daselbst Anm. 4 a. E.:

„oder weil der Zustellungsbeamte die Person, der zugestellt ist, in der Zustellungsurkunde unrichtig bezeichnet hat".

Vorbem. vor § 221 ZPO.

S. 274 Vorbem. 1 Z. 1:

Eine außerprozessuale oder doch nicht allein prozessuale, sondern mindestens auch materiell-rechtliche Frist, auf die jedenfalls die §§ 221ff. keine Anwendung finden, ist z. B. die von den Parteien **bei Abschluß eines gerichtlichen Vergleichs vereinbarte Frist**, innerhalb deren von ihnen der Vergleich widerrufen (vom Vergleich durch Anzeige an das Gericht zurückgetreten) werden kann. JW. 30, 2801, auch Anm. 1 § 224.

§ 222 ZPO.

S. 276 Anm. 3 a. E.:

— Wird der Lauf einer auf einen Sonn- oder Feiertag als Ablaufstag bestimmten Frist gehemmt (z. B. die Prozeßgebührnachweisfrist des § 519 Abs. 6 durch ein Armenrechtsgesuch), so wird jener Ablaufstag, wiewohl er ein **Sonn- oder Feiertag** ist, **in** den nach Beendigung der Hemmung noch übrigen Teil der **Frist eingerechnet**; § 222 Abs. 2 kommt nur zur Anwendung, wenn der Ablaufstag der Restfrist etwa auch ein Sonn- oder Feiertag ist. RG. 131, 108; W. 30, 82, auch § 519 Anm. 12 a. E. Gleiches gilt, wenn eine Frist, deren Ablaufstag ein Sonn- oder Feiertag wäre, durch richterliche Verfügung verlängert wird (z. B. die Revisionsbegründungsfrist des § 554 Abs. 2 von einem Monat um einen weiteren Monat), es schließt sich dann die Fristverlängerung an jenem Ablaufstag, obwohl er ein Sonn- oder Feiertag war, unmittelbar an (§ 224 Abs. 3); § 222 Abs. 2 kommt nur dann zur Anwendung, wenn die verlängerte Frist etwa auch mit einem Sonn- oder Feiertag abläuft. RG. 131, 337.

§ 223 ZPO.

S. 277 Anm. 3 a. E.:

Ist der 14./7., mit dem eine **Frist endigt, ein Sonntag**, so läuft die Frist, da der nach § 222 Abs. 2 als Endzeit an Stelle des Sonntags tretende nächstfolgende Werktag des 15./7. bereits **in die Ferien** fällt, gemäß Abs. 1 erst am 16./9. ab. W. 29, 196.

§ 223 ZPO.

S. 277 Anm. 3 a. E.:

Wird in solchem Falle die Sache **während** der **Ferien** nachträglich **zur Feriensache erklärt**, so beginnt der Lauf der Resttagesfrist nach § 222 Abs. 1 ZPO., § 187 Abs. 1 BGB. mit dem auf die Zustellung des Erklärungsbeschlusses folgenden Tage. W. 29, 172, Anm. 9 § 519.

§ 224 ZPO.

S. 277 Anm. 1 a. E.:

Ausgenommen ferner **außerprozessuale Fristen**. Vorbem. 1 vor § 221. Zu den letzteren gehört auch die von den Parteien **bei Abschluß** eines **gerichtlichen Vergleichs vereinbarte Frist**, innerhalb deren von ihnen der Vergleich widerrufen (vom Vergleich durch Anzeige an das Gericht zurückgetreten) werden kann. Eine solche Frist kann durch

Vereinbarung der Parteien frei, ohne daß nach Abs. 2 verfahren wird, wirksam nicht nur abgekürzt, sondern auch verlängert werden. JW. 30, 2801.

§ 233 ZPO.

S. 283 Anm. 2 Z. 2 **von unten:**

War das Armenrechtsgesuch rechtzeitig eingereicht und zunächst abgelehnt, aber später nach Ablauf der Rechtsmittelfrist bei gleichem Sachverhalt, weil nun das Gesuch nachträglich für begründet erachtet wurde, das Armenrecht bewilligt worden, so ist die anfängliche Ablehnung, infolge deren die Rechtsmittelfrist wegen unverschuldeter Anwaltlosigkeit versäumt wurde, als ein unabwendbarer Zufall anzusehen. JW. 95, 518[4], 11, 988[25], 30, 3312[8].

§ 233 ZPO.

S. 283 Anm. 2 Z. 14 **von unten:**

Der **armen Partei,** die erst kurz vor Ablauf der Rechtsmittelfrist Kenntnis von der Ablehnung des Armenrechtsgesuchs erhält, ist eine **angemessene Frist zur Vorbereitung der Rechtsmitteleinlegung** zuzugestehen (jedoch nicht eine längere Frist als 5 Tage). JW. 30, 147[25].

§ 233 ZPO.

S. 283 Anm. 2 Z. 15:

Eine **im Sinne des § 114 arme Partei** ist **zunächst** durch einen **unabwendbaren Zufall** an der mit Kosten verbundenen Einlegung eines Rechtsmittels verhindert, da ihr nicht zugemutet werden kann, die erforderlichen Mittel unter Gefährdung des notwendigen Unterhalts aufzutreiben. RG. 117, 305, JW. 26, 1560[6]. Dieses Unvermögen kann **aber nicht auf unabsehbare Zeit** als unabwendbarer Zufall gelten. Die Partei muß rechtzeitig um Bewilligung des Armenrechts nachsuchen, W. 29, 122 (s. über den Zeitpunkt der Hebung des Hindernisses § 234 Anm. 4).

§ 233 ZPO.

S. 285 Anm. 2 Z. 24 **von unten:**

(eine nicht aktenkundig gemachte und auch hinsichtlich der Ausführung nicht weiter kontrollierte mündliche Verfügung des Anwalts gegenüber dem Bürovorsteher, daß gegen ein zugestelltes Urteil Rechtsmittel eingelegt werden solle und daher die Sache in der üblichen Weise als Fristsache vorzulegen sei, erfüllt nicht die **von einem Anwalt zu erfordernde Sorgfalt,** W. 29, 190).

§ 233 ZPO.

S. 285 Anm. 2 Z. 22 **von oben in der Klammer:**

W. 29, 72: lange **schwere Erkrankung des Anwalts** und Behinderung, rechtzeitig einen Vertreter zu bestellen.

§ 233 ZPO.

Anm. 2 S. 286 Z. 12 **vor** W. 28, 141:

RG. 126, 260,

§ 233 ZPO.

S. 286 **Anm.** 3:

— Über Wiedereinsetzung in den vorigen Stand gegen **Versäumung der Notfrist des § 111 GenG.** für eine Anfechtungsklage gegen die für vorläufig vollstreckbar erklärte Vorschußberechnung im Konkurse einer Genossenschaft s. JW. 30, 1400[17].

§ 233 ZPO.

S. 287 Anm. 4 Z. 4 **von unten:**

Hat aber eine **arme Partei** sich **rechtzeitig** auf der **Geschäftsstelle** des Gerichts **gemeldet,** um ein Armenrechtsgesuch zur Einlegung eines Rechtsmittels anzubringen, der

Urkundsbeamte jedoch das Gesuch aus einem unzureichenden Grunde nicht entgegengenommen, auch nicht dafür Sorge getragen, daß die Partei rechtzeitig wieder erschien, so liegt für die Partei ein unabwendbarer Zufall vor. RG. 129, 173.

§ 234 ZPO.

S. 288 Anm. 2 a. E.:

Eine **Verlängerung** dieser **gesetzlichen Frist** ist nach § 224 Abs. 1, 2 **nicht** zulässig. JW. 30, 1400[17].

§ 234 ZPO.

S. 288 Anm. 3 Z. 9 **von oben hinter** „W. 28, 51]":

oder bei Versagung des Armenrechts mit der Bekanntgabe des ablehnenden Bescheids ohne Rücksicht auf etwaige weitere Armenrechtsgesuche, JW. 29, 3152[6],

§ 234 ZPO.

S. 288 Anm. 3 Z. 9 **von unten:**

Wird ein rechtzeitig vor dem Ablaufe der Rechtsmittelfrist gestelltes Armenrechtsgesuch erst nach Fristablauf abgelehnt, so bietet dieser Umstand einen Wiedereinsetzungsgrund, und beginnt die **Frist für den Wiedereinsetzungsantrag** mit der Bekanntgabe des ablehnenden Beschlusses. RG. 117, 306. Aber auch, wenn der Ablehnungsbescheid noch vor dem Ablaufe der Rechtsmittelfrist der armen Partei zugestellt ist, muß ihr eine angemessene Frist für die Vorbereitung und die Durchführung der Rechtsmitteleinlegung zugebilligt werden, ehe eine Beseitigung des Hindernisses im Sinne des § 234 angenommen werden kann. JW. 30, 3311[7]. Dagegen ist es einer armen Partei nicht gestattet, durch **Wiederholung eines** sachlich geprüften und als **unbegründet befundenen Armenrechtsgesuchs** eine beliebige Erstreckung der Rechtsmittelfrist herbeizuführen: vielmehr ist die Frage der Rechtzeitigkeit des nun auf eigene Kosten eingelegten Rechtsmittels vom Zeitpunkt der Zustellung des ersten ablehnenden Bescheides aus zu beurteilen. JW. 30, 3311[7].

§ 234 ZPO.

S. 288 Anm. 3 Z. 9 **von unten:**

Ist ein das für die Rechtsmittelinstanz nachgesuchte **Armenrecht ablehnender Beschluß** der armen Partei **vor Ablauf der Rechtsmittelfrist zugestellt,** so muß der Partei für die Vorbereitung und die Durchführung der Rechtsmitteleinlegung eine angemessene Frist zugebilligt werden, ehe eine Beseitigung des Hindernisses im Sinne des § 234 angenommen werden kann. W. 30, 180. Jedoch muß die Partei innerhalb dieser Frist unverzüglich Maßnahmen zur Rechtsmitteleinlegung auf eigene Kosten treffen. Durch Wiederholung des Armenrechtsgesuchs, die sich als unbegründet erweist, wird die Frist nicht verlängert. W. 30, 180.

§ 234 ZPO.

S. 288 Anm. 3 Z. 16:

Ist nach rechtzeitig gestelltem Gesuch um Bewilligung des Armenrechts behufs Einlegung eines Rechtsmittels der das **Armenrecht ablehnende Beschluß erst nach Ablauf der Rechtsmittelfrist zugestellt** worden, so daß ein Wiedereinsetzungsgrund gegeben ist (s. § 233 Anm. 1), so läuft die Frist des § 234 von der Zustellung des Beschlusses an, da die fortdauernde Armut, die es nur rechtfertigte, daß das Rechtsmittel nicht vor Erledigung des Armenrechtsgesuchs eingelegt wurde, nun nicht mehr einen Wiedereinsetzungsgrund bildet. W. 29, 122.

§ 236 ZPO.

S. 291 Anm. 2 a. E.

— Die **Wahrung der** im § 236 vorgeschriebenen **Form** unterliegt ebensowenig wie die Wahrung der im § 234 bestimmten **Frist des Wiedereinsetzungsantrags,** da sie von Amts wegen zu prüfen ist, nach § 295 Abs. 2 dem Parteiverzicht (z. B. durch Verhandlung zur Sache ohne Rüge des Mangels). RG. 131, 262.

§ 236 ZPO.

S. 292 Anm. 3 a. E.:

— Die in **Abs. 1 Nr. 1,** 2 vorgeschriebenen **Angaben** sind jedoch nicht schlechthin notwendig. Nach feststehender Rechtsprechung (vgl. Anm. 2) **kann** von ihnen dann abgesehen werden, wenn sich die **Tatsachen aus den Akten** des Gerichts **ergeben.** RG. 131, 263, W. 30, 20.

§ 238 ZPO.

S. 294 Anm. 3 a. E.:

Der die **Wiedereinsetzung bewilligende Beschluß hindert** das Gericht, demnächst auf Grund der mündlichen Verhandlung etwa bei nunmehriger anderer Beurteilung des Wiedereinsetzungsantrags unter dessen Ablehnung das **Rechtsmittel durch Endurteil** als unzulässig **zu verwerfen,** da hier der Beschluß einem Zwischenurteil im Sinne des § 318 gleichzustellen ist (str.). RG. 125, 71. Gleiches gilt aber nicht, wenn in einem Falle, in dem über den Wiedereinsetzungsantrag durch Urteil hätte entschieden werden müssen (s. Anm. 1), die Wiedereinsetzung (versehentlich) durch Beschluß bewilligt ist, da das Gericht an seine nicht ordnungsmäßig gefaßten Beschlüsse nicht gebunden ist. JW. 30, 1512.

§ 238 ZPO.

S. 294 Anm. 3 a. E.:

— Über einen die **Versäumung der Einspruchsfrist** gegen ein Versäumnisurteil betreffenden **Wiedereinsetzungsantrag** kann, wie über die Zulässigkeit des Einspruchs überhaupt, nach den §§ 238, 340 a, 341, anders als gemäß §§ 519 b, 554 a über die Zulässigkeit der Berufung oder der Revision, nicht ohne mündliche Verhandlung durch Beschluß, sondern **nur auf Grund mündlicher Verhandlung durch Urteil entschieden** werden. RG. 131, 266, JW. 30, 1512. Dabei ist von Amts wegen zunächst die Rechtzeitigkeit des Einspruchs zu prüfen und deshalb der Tag der Zustellung des Versäumnisurteils festzustellen; erst, nachdem sich aus dieser Feststellung die Versäumung der Einspruchsfrist ergeben hat, ist über den Wiedereinsetzungsantrag zu befinden; dies ist insofern von Bedeutung, als es zur Begründung des Wiedereinsetzungsantrags nach § 236 Abs. 1 Nr. 1, 2 **nicht** der **Angabe des Tages der Zustellung des Versäumnisurteils** in Anbetracht der von Amts wegen darüber zu treffenden Feststellung bedurfte. RG. 131, 266.

§ 238 ZPO.

S. 294 Anm. 3 a. E.:

Ist durch **zwei gesonderte Beschlüsse,** wie es zulässig ist und dem § 238 Abs. 2 entspricht, zunächst die **Wiedereinsetzung** gegen Versäumung einer Rechtsmittelfrist **abgelehnt** und **dann** das **Rechtsmittel** als unzulässig **verworfen,** so ist, wenn die Partei unterlassen hat, den ersten Beschluß rechtzeitig mit der sofortigen Beschwerde anzufechten, die sofortige Beschwerde gegen den zweiten Beschluß ohne weiteres unbegründet. W. 30, 140.

Vorbem. vor § 239 ZPO.

S. 294:

Während über die Aussetzung ohne mündliche Verhandlung beschlossen werden kann (§ 248), ist, wenn **Streit** besteht, **ob** eine **Unterbrechung** des Verfahrens **eingetreten** ist (z. B. bei Klage auf Unterlassung durch Konkurseröffnung [§ 240] über das Vermögen des Beklagten wegen der Frage, ob ein solcher Anspruch die Konkursmasse betrifft), darüber auf Grund mündlicher Verhandlung durch Urteil (Zwischenurteil) zu entscheiden. Vor der Terminsanberaumung ist nur zu prüfen, ob die allgemeinen Erfordernisse der Ladung (§§ 214 ff.) gegeben sind, nicht aber, ob eine Unterbrechung vorliegt. JRPR. 30, 2107.

§ 239 ZPO.

S. 296 Anm. 2 a. E.:

— Die **Aufnahme** des Rechtsstreits **durch** den **Rechtsnachfolger** der verstorbenen Partei hat, wenn sie als gerechtfertigt unstreitig oder durch Urteil (s. oben) anerkannt ist, **rückwirkende Kraft** in der Richtung, daß der Aufnehmende schon seit Beginn der Rechtshängigkeit der Klage als Partei angesehen wird, da er ebenso wie ein eintretender Nebenintervenient (§ 67) den Rechtsstreit in der Lage annehmen muß, wie er sich zur Zeit des Eintritts befindet. JRHR. 30, 1057. Daher hat er, wenn er unterliegt, die gesamten Kosten des Rechtsstreits zu tragen, nicht bloß die von der Aufnahme ab. Dies gilt auch dann, wenn er nur hinsichtlich eines Teils des Streitgegenstandes die Aufnahme erklärt. JRHR. 30, 1057.

§ 240 ZPO.

S. 298 Anm. 5 a. E.:

— Eine **Aktiengesellschaft** wird zwar **durch** den **Konkurs aufgelöst** (§ 292 Abs. 1 Nr. 3 HGB.); sie **besteht aber** als eine in der Auflösung begriffene Gesellschaft **weiter** und wird in den Angelegenheiten, die nicht zur Konkursmasse gehören oder konkursfrei (z. B. dadurch, daß der Konkursverwalter die Aufnahme eines für die Aktiengesellschaft anhängigen Aktivprozesses [s. Anm. 7a] ablehnt [RG. 122, 56]) geworden ist, von ihren bisherigen Organen weiter vertreten. RG. 76, 246, 127, 200.

§ 240 ZPO.

S. 298 Anm. 5 a. E.:

Ferner wird durch die Eröffnung des **Konkurses über** das Vermögen der **wegen Patentverletzung verklagten Partei** das Verfahren unterbrochen, wenn zwar die Klage allein auf Unterlassung gerichtet ist, die verklagte Partei aber dem Kläger die Geltendmachung eines Schadensersatzanspruchs angekündigt hatte wegen unberechtigter Erwirkung einer einstweiligen Verfügung gegen sie auf Unterlassung, oder wenn die verklagte Partei Einrichtungen zur Herstellung von Erzeugnissen besitzt oder Waren vorrätig hat, deren Verwertung für die Konkursmasse durch die Verurteilung zur Unterlassung vereitelt werden würde. RG. 132, 362.

§ 240 ZPO.

S. 299 Anm. 7 Z. 28:

Lehnt der **Konkursverwalter** die **Aufnahme des Aktivprozesses ab**, so daß der damit geltend gemachte Anspruch konkursfrei wird (RG. 122, 56), so kann der Gegner den Prozeß gegen den Gemeinschuldner (im Falle einer Aktiengesellschaft gegen diese, vertreten durch ihre bisherigen Organe [s. Anm. 5 a. E.]) aufnehmen. RG. 127, 200.

§ 241 ZPO.

S. 301 Anm. 6 Z. 5 **von unten:**

Da die Rechtsstellung des Nachlaßverwalters ähnlich der eines Konkursverwalters ist (RG. 65, 287), treten **bei Aufhebung der Nachlaßverwaltung**, wie bei Aufhebung des Konkursverfahrens die Vertretungsmacht des Konkursverwalters endet und ohne Unterbrechung des Verfahrens der Gemeinschuldner in den Rechtsstreit eintritt (RG. 73, 312, vgl. Anm. 3 § 86), die **Erben** ohne weiteres an Stelle des Nachlaßverwalters **in den Rechtsstreit ein** und gilt der vom Verwalter bestellte Prozeßbevollmächtigte nunmehr als von den Erben bestellt, so daß dessen Prozeßhandlungen (z. B. Einlegung von Rechtsmitteln) als für die Erben wirksam geschehen anzusehen sind, auch wenn er sie (irrtümlich) noch namens des Verwalters vorgenommen hat. Auch sind Verfügungen, die das Gericht (in Unkenntnis der Aufhebung der Nachlaßverwaltung) dem Verwalter gegenüber erlassen hat (z. B. Fristbestimmung für den Nachweis der Zahlung der Prozeßgebühr nach § 519 Abs. 6), den Erben als der nunmehrigen Partei gegenüber unwirksam. W. 30, 118 (JW. 30, 2047[6]).

§ 248 ZPO.

S. 307 Anm. 2 a. E.:

— Jedoch hat in diesen Fällen der **Aussetzungsbeschluß** der unteren Instanz **nur** dann **Wirkung** für die höhere Instanz, **wenn er vor Einlegung des Rechtsmittels** nicht nur erlassen, sondern auch **zugestellt** worden ist; es kommt nicht darauf an, ob zur Zeit der Stellung des Gesuchs die untere Instanz noch zuständig war, sondern maßgebend ist nur, ob sie zuständig war, als ihr Beschluß zugestellt wurde, auch ist abzulehnen, daß der vor Einlegung des Rechtsmittels erlassene Beschluß der unteren Instanz (wenn er auch erst nachher zugestellt wurde, doch) für die höhere Instanz so lange wirksam war, als er nicht auf Beschwerde aufgehoben wurde, da der Beschluß erst mit der Zustellung nach außen hin wirksam wurde und in diesem Zeitpunkt bereits die höhere Instanz als nunmehriges Prozeßgericht zuständig geworden war. RG. 130, 330.

§ 249 ZPO.

S. 309 Anm. 7 a. E.:

Schluß einer mündlichen Verhandlung, auf Grund deren eine Entscheidung zu erlassen ist, liegt nicht schon vor, **wenn die Parteien,** sei es auch in einer mündlichen Verhandlung, **schriftliche Entscheidung** gemäß § 7 EntlVO. **vereinbart** haben, vielmehr entspricht bei solcher Vereinbarung dem Schlusse der mündlichen Verhandlung der Zeitpunkt der Absendung der die Entscheidung bekanntgebenden Mitteilung; tritt inzwischen vor diesem Zeitpunkt Unterbrechung des Verfahrens (z. B. durch Konkurseröffnung [§ 240]) ein, so ist, auch wenn die Unterbrechung nicht bekannt ist, Erlaß einer Entscheidung nicht mehr zulässig und die trotzdem erlassene Entscheidung nach § 249 Abs. 2 unwirksam. JW. 30, 735.

§ 250 ZPO.

S. 309 Anm. 1 Z. 3 von unten:

Der Rechtsmitteleinlegung muß also, wenn sie wirksam sein soll, die Aufnahme des unterbrochenen Rechtsstreits durch Zustellung eines Schriftsatzes (z. B. im Falle der Unterbrechung durch Konkurseröffnung durch Zustellung an den Konkursverwalter) vorangegangen sein. JW. 30, 1058[2]. Ist schon **vor Verkündung** des angefochtenen Urteils der **Konkurs** über das Vermögen des Beklagten eröffnet und damit das Verfahren unterbrochen (§ 240), so ist das **Urteil unwirksam** (Anm. 4 § 249), aber nicht vom klagenden Gläubiger durch Rechtsmitteleinlegung ohne vorschriftsmäßige Aufnahme des Verfahrens zu beseitigen; der Gläubiger kann seine Forderung durch Anmeldung im Konkurse gemäß § 144 KO. weiter geltend machen. JW. 30, 1058[2].

§ 250 ZPO.

S. 310 Anm. 1 a. E.:

— Die Aufnahmeerklärung hat **rückwirkende Kraft** in der Richtung, daß der Aufnehmende schon seit Beginn der Rechtshängigkeit des Rechtsstreits als Prozeßpartei angesehen wird. Daher hat der Aufnehmende, wenn er in die Prozeßkosten verurteilt wird, **auch die vor der Aufnahme entstandenen Kosten** zu tragen. Beschränkt er die Aufnahme auf einen Teil des Streitgegenstandes, so kann er nur eine Ermäßigung der später entstehenden Gebühren erreichen. JW. 30, 1517.

§ 251 ZPO.

S. 311 Anm. 1 a. E.:

— Diese Neureglung hat auch Einfluß auf die Auslegung des § 211 Abs. 2 BGB., wonach die **Unterbrechung der Verjährung durch Klagerhebung endigt,** wenn der Prozeß infolge Vereinbarung oder Untätigkeit der Parteien in Stillstand gerät. Diese Tatsachen können nur für sich allein, ohne daß das Gericht das Ruhen des Verfahrens anordnet, regelmäßig die Unterbrechung nicht mehr herbeiführen. Nur wenn das Betreiben des Verfahrens lediglich von den Parteien abhängig ist, kann es infolge des Verhaltens der Parteien zu einem tatsächlichen Stillstand des Verfahrens kommen, der eine Wirkung im Sinne des § 211 Abs. 2 BGB. auszuüben vermag. Für Abschnitte des Prozesses, in denen die Leitung in den Händen des Gerichts liegt, wie für das Beweis-, auch für ein Sühneverfahren, gilt dies nicht. RG. 128, 195.

§ 251 a ZPO.

S. 314 Anm. 6 Z. 1 von oben:

Der Inhalt der früheren mündlichen Verhandlung, welche Voraussetzung für Erlaß eines **Urteils nach Lage der Akten** ist, muß sich entweder aus den Schriftsätzen der Parteien erkennen lassen oder die Verhandlungsniederschrift muß ein Bild des damaligen

Streitstandes geben; sind in einem früheren Termin nach der Niederschrift zwar die Anträge verlesen worden, hat aber eine Erörterung der Sache unter den Parteien und mit dem Gericht nicht stattgefunden, so liegt eine frühere mündliche Verhandlung im Sinne des § 251a nicht vor. RG. 132, 336.

§ 256 ZPO.

S. 327 Anm. 2 Z. 10 von oben:

Auch kann, nachdem auf Grund Schwarzkaufs und Auflassung des Beklagten der Kläger als Eigentümer eines Grundstücks eingetragen war, demnächst aber der Beklagte rechtskräftig seine Wiedereintragung erstritten hatte, vom Kläger nicht auf Feststellung geklagt werden, daß der Beklagte verpflichtet sei, in die Wiedereintragung des Klägers zu willigen, falls die (erforderliche) behördliche Genehmigung des Kaufs erteilt sei, da eine solche Feststellung auf eine **Belehrung der Parteien über die Rechtslage** für den Fall der behördlichen Genehmigung hinauskäme. W. 30, 225.

§ 256 ZPO.

S. 327 Anm. 2 Z. 23 von unten:

Auch ein **zwischen** nur **einer der Parteien und einem Dritten bestehendes Rechtsverhältnis** kann feststellbar sein. JRHR. (RG.) 30, 1657 mit Zitaten. So z. B. kann der Vorsitzende eines Familienverbandes auf Feststellung klagen, daß der Beklagte von seiner verheirateten Mutter unehelich geboren sei und daher in dem Familienverband nicht aufgenommen werden könne, auch wenn im Hinblick auf Unterhalts- und Erbansprüche vermögensrechtliche Beziehungen nicht in Frage kommen. JRHR. (RG.) 30, 1964.

§ 256 ZPO.

S. 327 Anm. 2 Z. 23 von unten:

Desgleichen ist, wenn **Bühnenangehörige** geltend machen, daß eine Bestimmung der Vereinssatzung eines Bühnenvereins, wodurch den Mitgliedern des Vereins die Einhaltung von Höchstsätzen bei Vergütungen an Bühnenangehörige vorgeschrieben ist, ungültig sei, eine **Klage gegen den Bühnenverein auf Feststellung der Ungültigkeit** jener Bestimmung zulässig; wenn auch das ergehende Urteil keine Rechtskraft zwischen dem Bühnenverein und seinen Mitgliedern schafft, so ist doch anzunehmen, daß diese sich dem Urteil fügen und ihre Beziehungen zu den Bühnenangehörigen dementsprechend gestalten, und anderseits haben die klagenden Bühnenangehörigen ein wesentliches wirtschaftliches Interesse an der Feststellung. RG. 128, 94.

§ 256 ZPO.

S. 328 Anm. 2 Z. 27 von unten:

So z. B. kann geklagt werden auf **Feststellung,** daß eine **Vollmacht,** auf Grund deren ein Kaufvertrag zwischen dem Kläger und dem durch den Bevollmächtigten vertretenen Beklagten abgeschlossen worden ist, **bis zu einem bestimmten Zeitpunkt,** insbesondere dem des Vertragsabschlusses, **wirksam** gewesen sei. W. 30, 66.

§ 256 ZPO.

S. 329 Anm. 2 Z. 14 von oben:

Auch ist eine **Feststellungsklage über** die **Gültigkeit** des **Testaments eines noch lebenden Dritten** (der z. B. testierunfähig sein soll) nicht **zulässig**. JW. 30, 2064.

§ 256 ZPO.

S. 330 Anm. 3 a. E.:

— Wie für Leistungsansprüche eine Teilklage, so ist auch eine **Feststellungsklage für einen Teil** des der Feststellung bedürftigen Anspruchs (z. B. eines Gesamtschadensersatzanspruchs) zulässig. — Die Möglichkeit der **Leistungsklage** hinsichtlich eines **Teiles** schließt nicht (vgl. Anm. 5) die **Feststellungsklage** bezüglich des **ganzen Anspruchs** aus. JW. 30, 547[6].

§ 256 ZPO.

S. 331 Anm. 4 Z. 3 von unten:

Ein Feststellungsinteresse kann schon in dem grundlosen Bestreiten eines bestehenden Rechts gefunden werden. **Erkennt** aber der **Beklagte** dann **im Laufe des Rechtsstreits** das **streitige Rechtsverhältnis an,** so entfällt das Rechtsschutzinteresse des **Klägers;** der Feststellungsantrag ist gegenstandslos geworden, und damit ist die Hauptsache erledigt (str.). JW. 29, 3258 (30, 769).

§ 256 ZPO.

S. 333 Anm. 5 Z. 3:

So kann z. B. derjenige, der für den Fall seines Verzichts auf ein Recht einen Entschädigungsanspruch an den Gegner zu haben behauptet, nicht, statt unter Erklärung des Verzichts auf die Entschädigung zu klagen, auf **Feststellung** der Höhe der **Entschädigung für den Fall, daß er auf** das **Recht verzichten** würde, klagen. RG. 128, 359.

§ 256 ZPO.

S. 333 Anm. 5 Z. 24:

(vgl. RG. 129, 31: Zulässigkeit der **Klage** eines Volksschullehrers gegen den Preußischen Staat, der durch seine Schulaufsichtsbehörde über das Ruhegehalt eines Lehrers zu befinden hat, **auf Feststellung einer anderen Berechnung seines ruhegehaltsfähigen Diensteinkommens,** wiewohl die Leistungsklage auf Erhöhung des Ruhegehalts gegen die hierfür zuständige Landesschulkasse gegeben wäre).

§ 256 ZPO.

S. 334 Anm. 5 Z. 12 von unten:

So kann bei Schadensansprüchen wegen Körperverletzung **neben** der **Klage auf Leistung** der zunächst feststellbaren Schadensbeträge Klage auf **Feststellung der Verpflichtung zur Leistung weiterer Schadensbeträge,** die sich bei **künftiger** Entwicklung der Lebenslage des Verletzten ergeben würden, erhoben werden. RG. 127, 184.

§ 259 ZPO.

S. 339 Anm. 3 Z. 8 von oben:

Beschränkt sich also der **Schuldner** nicht darauf, die Fälligkeit des Anspruchs zu bestreiten, sondern **erhebt** er **sachliche Einwendungen,** um damit den Anspruch selbst nicht bloß für die Gegenwart, sondern auch für den zukünftigen Zeitpunkt der Fälligkeit von sich abzuwehren, so genügt dies regelmäßig, um die Besorgnis zu rechtfertigen, daß er sich der rechtzeitigen Leistung entziehen werde. RG. 132, 340.

§ 260 ZPO.

S. 341 Anm. 3 **a. E.:**

— Durch Erlaß eines Teilurteils, das einen der geltend gemachten **zwei selbständigen Leistungsansprüche** abweist, wird die Verbindung gelöst. Wird das **Teilurteil rechtskräftig,** so ist die **Erweiterung** dieses abgewiesenen Anspruchs (§ 268 Nr. 2), insbesondere im Wege der Feststellungsklage, **unzulässig,** da die Erweiterung voraussetzt, daß überhaupt eine Klage schwebt, und durch die rechtskräftige Abweisung der Rechtshängigkeit dieses Anspruchs erloschen war. JRHR. (RG.) 30, 1659.

§ 265 ZPO.

S. 351 Anm. 5 **a. E.:**

Wenn aber in der Zeit **zwischen Einspruchseinlegung bei der Aufwertungsstelle und** der **Klagerhebung vor** dem ordentlichen **Gericht** ein **Wechsel im Eigentum** am belasteten Grundstück eintritt, verliert der früher beklagte Eigentümer hinsichtlich der dinglichen Aufwertung die Passivlegitimation: § 265 Abs. 2 ist hier nicht anwendbar, da das Verfahren vor dem ordentlichen Gericht, an das die Aufwertungsstelle bei Streit über den

Grund des Anspruchs zu verweisen hat, mit dem Anmelde- und Aufwertungsverfahren nicht dergestalt eine Einheit bildet, daß die Anmeldung bei der Aufwertungsstelle oder der Einspruch hiergegen Rechtshängigkeit für das spätere Verfahren vor dem ordentlichen Gericht begründet. JW. 30, 629[7].

§ 268 ZPO.

S. 359 **Anm.** 2 **Z.** 13:

So z. B. wenn **statt** der ursprünglich als **üblich** geforderten **Vergütung** später eine **vereinbarte** Vergütung verlangt wird. RG. 126, 248.

§ 268 ZPO.

S. 361 **Anm. 2 Z. 5 von unten:**

Der **Klagegrund** wird auch unzulässig **geändert** in einem Falle, wo (in 1. Instanz) die auf Feststellung der Wirksamkeit eines mit einer Ehefrau allein geschlossenen Grundstückskaufvertrages gerichtete Klage gegen den Ehemann darauf gestützt ist, daß das Grundstück Vorbehaltsgut sei, und dann (in 2. Instanz) geltend gemacht wird, das Grundstück gehöre zwar zum eingebrachten Gut der Frau, aber der Kaufvertrag sei dennoch gegenüber dem Ehemann wirksam, weil ihm nach dem nun behaupteten Tatbestand Einwendungen aus dem gesetzlichen Güterstande nicht zuständen. JRHR. (RG.) 30, 1156.

§ 268 ZPO.

S. 362 **Anm. 2 Z. 16 von unten:**

— **Klagänderung** liegt auch vor, wenn der Klagantrag dergestalt geändert wird, daß damit ein **neuer Anspruch eingeführt** wird, mögen auch der ursprüngliche und der geänderte Antrag die gleiche **Grundlage** und das gleiche Ziel haben (so z. B. wenn vom Kläger, der von der Ehefrau des Beklagten in Abwesenheit des letzteren ein Grundstück gekauft hat, zunächst auf Feststellung, daß das Grundstück nicht zum eingebrachten Gut, sondern zum Vorbehaltsgut der Ehefrau gehöre, und demnächst auf die Feststellung, daß zufolge eines nur behaupteten Tatbestandes der Kaufvertrag dem Beklagten gegenüber in Ansehung des eingebrachten Gutes wirksam sei, geklagt wird).

§ 271 ZPO.

S. 370 **Anm. 4a Z. 3 von oben:**

Die **Zustellung** des Rücknahmeschriftsatzes hat im **Parteibetriebe** zu geschehen. Die Wahrung dieser Form ist nur dann entbehrlich, wenn die Zurücknahme der Klage in einem gemeinschaftlichen Schriftsatze beider Parteien erklärt wird. W. 30, 80.

§ 274 ZPO.

S. 379 **Anm. 4 Z. 9 von oben:**

(Rechtswirksam jedoch ist eine solche **Vereinbarung**, durch welche **für** einen neu begründeten **Anspruch** auch bürgerlichrechtlicher Natur der Rechtsweg, die **Klagbarkeit, ausgeschlossen** wird [str.]. JW. 30, 1062[7] [2052[15], 2212[3]]).

§ 275 ZPO.

S. 381 **Anm.** 2 **Z.** 3:

Ist im Fall einer auf zwei Klagegründe gestützten Klage in 1. Instanz der Rechtsweg für beide Klagegründe durch Zwischenurteil für zulässig erklärt worden, so ist, wenn auf die vom Beklagten **wegen eines der beiden Klagegründe** eingelegte Berufung der **Rechtsweg** für diesen Klagegrund für **unzulässig** erachtet wird, dies durch Zwischenurteil nach § 275 (nicht § 303), der durch die Änderung der früheren **Fassung** des § 303 (s. dort Anm. 1) unberührt geblieben ist, auszusprechen (nicht etwa die Klage [durch unzulässiges Teilurteil, s. § 301 Anm. 1] insoweit abzuweisen). RG. 129, 95.

§ 276 ZPO.

S. 386 Anm. 6a Z. 2 von unten:

Im Arrestverfahren (s. Anm. 1) ist jedoch nach Erlaß des Arrestbefehls die Verweisung nur nach mündlicher Verhandlung zulässig, sofern nicht ein Fall des § 7 EntlVO. oder des § 251a ZPO. vorliegt. JW. 29, 1669.

§ 276 ZPO.

S. 386 Anm. 7 a. E.:

Handelt es sich nicht um Wahrung einer Ausschlußfrist, auch nicht sowohl um eine Fristwahrung zur Erhaltung eines Rechts als vielmehr um eine **Sperrfrist**, die lediglich ein zeitliches Tatbestandsmerkmal für das Unwirksamwerden oder Unwirksamsein einer Rechtshandlung ist (wie z. B. im Falle des § 84 VerglO. [Erlangung einer Sicherung oder Befriedigung durch Zwangsvollstreckung später als am 30. Tage vor Stellung des Antrags auf Vergleichsverfahren]), so wird durch rechtzeitige Stellung des erforderlichen Antrags bei einem unzuständigen Gericht im Falle der **Verweisung an das zuständige Gericht** die **Frist** auch dann **gewahrt**, wenn der Antrag erst nach Ablauf der Frist bei dem zuständigen Gericht anhängig gemacht worden ist. RG. 131, 199.

Daselbst Anm. 8 a. E.:

— Das **Verfahren**, das **bei dem unzuständigen Gericht** rechtshängig geworden ist, **bleibt** auch im Falle der Verweisung an das zuständige Gericht **bestehen**; die Aufhebung der eingetretenen Rechtshängigkeit im Falle der Verweisung ist im Gesetz nicht ausgesprochen. RG. 131, 202.

§ 279 ZPO.

S. 389 Anm. 1 a. E.:

Die Ausübung des freien Ermessens unterliegt der Nachprüfung des Berufungsgerichts. Hat das 1. Gericht ohne ausreichende tatsächliche Unterlagen ein **Verteidigungsmittel** des Beklagten wegen grober Nachlässigkeit **zurückgewiesen**, so liegt hierin eine Versagung des rechtlichen Gehörs, welche einen wesentlichen Mangel des Verfahrens im Sinne des § 539 darstellt. JW. 30, 2802.

§ 279 ZPO.

S. 389 Anm. 2 Z. 5 von oben:

Es kann daher eine Widerklage nicht lediglich deswegen zurückgewiesen werden, weil sie nach § 279 verspätet vorgebracht sei; die **Möglichkeit**, eine **Widerklage** zu erheben, ist **durch § 279 nicht beschränkt**. Nur wenn tatsächliche Behauptungen, die zur Begründung der Widerklage dienen, gemäß § 279 zurückgewiesen werden, kann dies zur Abweisung der Widerklage (z. B. wegen mangelnder Substantiierung) führen. JW. 30, 3008.

§ 279a ZPO.

S. 390 Anm. 3 a. E.:

Enthält die Auflage nicht die **Angabe bestimmter aufklärungsbedürftiger Punkte**, so hat sie nur die Bedeutung einer Ankündigung, daß das Gericht eine nach Fristablauf abgegebene Erklärung gemäß § 279 als verspätet vorgebracht ansehen werde. Diese Ankündigung enthebt das Gericht nicht der Verpflichtung, die nach Fristablauf abgegebene Erklärung daraufhin zu prüfen, ob für eine Zurückweisung die Voraussetzungen des § 279 (Verzögerung des Rechtsstreits, grobe Nachlässigkeit usw.) gegeben sind. JW. 30, 3008.

§ 280 ZPO.

S. 391 Anm. 1 Z. 15:

Anderseits ist nach obigem Zweck der Inzidentklage Voraussetzung, daß das **festzustellende Rechtsverhältnis nicht** derart auch den **Gegenstand der Hauptentscheidung** bilden darf, daß darüber schon mit dieser eine in Rechtskraft übergehende Entscheidung zu erlassen ist. RG. 126, 237.

§ 280 ZPO.

S. 391 Anm. 3 a. E.:

Sind die **Voraussetzungen** des § 256 **für** eine **Feststellungsklage** hinsichtlich einer Forderung **gegeben,** so ist die Klage **nicht** deswegen **abzulehnen, weil** der nämliche Anspruch **in** einem **anderen** anhängigen **Rechtsstreit** durch **Widerklage gemäß § 280 hätte geltend gemacht** werden können. Der Klageberechtigte hat vielmehr zwischen der selbständigen Feststellungsklage und der Widerklage die freie Wahl; daran vermag auch der Umstand, daß ein Teil des Streitstoffes so oder so schon von dem Gegner gerichtlich anhängig gemacht worden ist, nichts zu ändern, auch dann gibt es keinen Zwang zur Erhebung der Widerklage. JW. 30, 1059[3] (1489[4]).

§ 280 ZPO.

S. 392 Anm. 5 Z. 4:

; auch Forderungen und Ansprüche, die als Ausfluß eines umfassenderen Rechtsverhältnisses (wie es ein Vertrag mit sich bringen kann), RG. 126, 237.

§ 282 ZPO.

S. 395 Anm. 1 a. E.:

Eine Verallgemeinerung der Regel des **Beweises nach dem ersten Anschein** derart, daß jeder Kläger schließlich nur einen gewissen Grad von Wahrscheinlichkeit darzutun und der Gegner die Wahrscheinlichkeit zu entkräften habe, ist abzulehnen. RG. 130, 359 nebst Nachweisen.

§ 286 ZPO.

S. 397 Anm. 1 Z. 9 **von unten:**

So kann daraus, daß die **beweispflichtige Partei** einen über eine Tatsache dem Gegner zugeschobenen **Eid** demnächst **zurücknimmt,** vom Gericht entnommen werden, daß die Tatsache nicht wahr sei. W. 30, 74.

§ 287 ZPO.

S. 402 Anm. 2 Z. 10 **von oben (Klammer):**

; das freie **Ermessen** des Gerichts hinsichtlich der auf die Frage des **ursächlichen Zusammenhangs** sich beziehenden Einzelerwägungen ist zwar im allgemeinen nicht Gegenstand der **Nachprüfung des Revisionsgerichts,** soweit es sich nicht etwa um eine Verkennung des Rechtsbegriffs des ursächlichen Zusammenhangs oder darum handelt, daß das **Urteil auf einer grundsätzlich unrichtigen Erwägung beruht;** letzteres trifft aber auch dann zu, wenn es auf Erwägungen aufgebaut ist, die mit der Lebenserfahrung in Widerspruch stehen, JW. 30, 3749[15].

§ 287 ZPO.

S. 402 Anm. 2 Z. 10 **von unten:**

Jedoch unterliegt die Entscheidung über den **ursächlichen Zusammenhang** der **Anfechtung, wenn** sie auf einem wesentlichen Rechtsverstoß, z. B. auf **Verkennung der Beweislast,** beruht. RG. 128, 123, vgl. Anm. 4 (Verkennung der Beweispflicht).

§ 287 ZPO.

S. 403 Anm. 3 Z. 8 **von unten:**

Immer aber ist das **Gericht** verpflichtet, bei Ausübung seines Ermessens die aus dem Vorbringen der Parteien sich ergebenden **schätzungsbegründenden Tatsachen zu würdigen.** RG. 130, 112 (nebst Nachweisen).

§ 288 ZPO.

S. 406 Anm. 4 Z. 4 **von oben:**

Werden **Behauptungen** des Gegners **nur zum Teil zugestanden,** so liegt ein Geständnis hinsichtlich dieses Teils vor. W. 30, 126.

§ 291 ZPO.

S. 410 Anm. 2 Z. 9 **von oben:**

Das Gericht braucht auch nicht vor der Feststellung der Offenkundigkeit mit den Parteien darüber zu verhandeln, ob diese von ihnen anerkannt werde. JW. 29, 1325[21].

§ 291 ZPO.

S. 410 Anm. 2 Z. 11 **von oben:**

Um diese Nachprüfung zu ermöglichen, muß der **allgemeine Erfahrungssatz** im angefochtenen Urteil mit **genügender** Deutlichkeit **dargelegt** sein. JRHR. (RG.) 30, 653. Anderseits lassen allgemeine Erfahrungssätze oder Regeln des Lebens wohl einen Schluß auf den Einzelfall in der Weise zu, daß sie mangelnde oder unzureichende Beweise zu ersetzen oder zu ergänzen vermögen; es bleibt aber den Parteien unbenommen, den **Nachweis** zu führen, daß der zu entscheidende **Fall eine** von der allgemeinen Erfahrung **abweichende Entwicklung genommen** habe (s. auch unten a. E.). W. 30, 46.

§ 293 ZPO.

S. 411 Anm. 1 Z. 7:

Von den ihm zugänglichen **Erkenntnisquellen** des fremden Rechts muß es **Gebrauch machen.** RG. 126, 202.

Vor § 300 ZPO.

S. 419 Anm. 1 a. E.:

— Ein **Urteil** begründet **keinen selbständigen Rechtstitel**; es bringt nicht Rechte zur Entstehung, sondern stellt nur fest, was Rechtens ist. Das so festgestellte Recht kann z. B. auch öffentlich-rechtlicher Natur sein, wenn es auf einem öffentlich-rechtlichen Titel beruht. Dann wandelt es sich dadurch, daß es durch das (zulässigerweise im ordentlichen Rechtsweg ergangene) Urteil als bestehend anerkannt wird, noch nicht in ein privates Recht. Kommt es **in einem späteren Verfahren darauf an, ob** das **urteilsmäßig anerkannte Recht privat- oder öffentlich-rechtlicher Natur** ist, und handelt es sich nicht um eine Rechtsfolge, bei der das spätere Gericht an die etwa urteilsmäßig getroffene Feststellung hierüber gemäß § 322 gebunden ist, so ist von neuem zu prüfen, ob das Recht einem privaten oder öffentlichen Rechtsverhältnis entsprungen ist. RG. 129, 248.

§ 301 ZPO.

S. 423 Anm. 2 a. E.:

Nicht zu billigen ist auch in einem Falle, wo ein **Schadensersatzanspruch und** ein **Unterlassungsanspruch,** von dem der erstere Anspruch abhängig ist, die Erlassung eines **Teilurteils** über den Schadensersatzanspruch allein, da, wenn auch in den Gründen über den Unterlassungsanspruch als Voraussetzung entschieden wird, das Gericht im weiteren Verfahren an diese Entscheidung nicht gebunden ist und insoweit widersprechende Entscheidungen ergehen könnten. JRHR. 30, 62.

§ 301 ZPO.

S. 423 Anm. 2a Z. 4 **von unten:**

Auch ist **Teilurteil über die Widerklage,** sofern sie und die Klage je einen anderen Gegenstand betreffen (z. B. die Widerklage einen bezahlten, die Klage einen unbezahlten Teil einer Versicherungssumme), selbst dann zulässig (wenn auch wohl nicht zweckmäßig), wenn der Grund, auf den die Widerklage (auf Rückzahlung) gestützt ist, zugleich als Einwand gegen die Klage (auf weitere Zahlung) geltend gemacht ist. W. 30, 21.

§ 304 ZPO.

S. 431 Anm. 3 Z. 13 **von unten:**

Auch sonst kann, wenn **dieselben Tatsachen für** die **Fragen, ob überhaupt und** gegebenenfalls **inwieweit** ein **Anspruch** besteht, maßgebend sind, in Abweichung von der Regel der Erschöpfung des den Grund des Anspruchs betreffenden Prozeßstoffes in die

Prüfung jener Tatsachen wegen des untrennbaren Zusammenhangs **in das Verfahren über den Betrag** des Anspruchs verwiesen werden. RG. 82, 196, JRHR. (RG.) 30, 1158.

§ 304 ZPO.

S. 435 Anm. 5 Z. 13 von unten:

Auch kann der Beklagte den Einwand mangelnder Aktivlegitimation des Klägers noch nach Erlassung des Grundurteils erheben, wenn er die die Einrede begründende Tatsache (z. B. Abtretung der Klageforderung) erst nach der letzten mündlichen Verhandlung erfahren hat. In solchem Fall muß über den Grund des Anspruchs trotz formeller Rechtskraft des Grundurteils von neuem verhandelt werden. JW. 30, 1984.

§ 304 ZPO.

S. 437 Anm. 6 Z. 14 von oben:

Das **Zwischenurteil über** den **Grund des Anspruchs** wird also **nur formell, nicht** aber **materiell rechtskräftig**; es bindet das Gericht im Nachverfahren für die gleiche und für die höhere Instanz nur nach §§ 318, 512, 548, nicht nach § 322. Für den Umfang der Bindung nach §§ 318, 512 ist nicht allein die Urteilsformel maßgebend, sondern diese nur in Verbindung mit den zur Erläuterung heranzuziehenden Entscheidungsgründen. RG. 132, 19 (mit weiteren Nachweisen). Das Urteil hat nicht einen durch die vorgetragenen Klagebehauptungen fest umschriebenen Inhalt; dieser richtet sich vielmehr nach den vom Gericht erkennbar getroffenen Feststellungen und Schlußfolgerungen und geht darüber nicht hinaus. Nur insoweit reicht auch die genannte Bindung. Es kann daher namentlich bei Schadensersatzklagen vorkommen, daß im Nachverfahren die Klage vollständig abgewiesen wird, weil ein Schaden nicht entstanden ist. RG. 132, 20, s. Anm. 5.

§ 306 ZPO.

S. 439 Anm. 2 a. A.:

Anspruchsverzicht bei der mündlichen Verhandlung. — Im Anwaltsprozeß (§ 78) nur durch einen bevollmächtigten Anwalt. Also **nicht**, wie die Zurücknahme der Klage (Anm. 4a § 271), **in einem Schriftsatz** und nicht von der Partei persönlich vor dem ersuchten Richter. W. 30, 80. Wohl aber

§ 307 ZPO.

S. 440 Anm. 4 Z. 9 von oben:

Auch nicht ein Anerkenntnis unter gleichzeitiger Leugnung des Klagegrundes, z. B. unter Bestreiten des Rechtsschutzinteresses des Klägers. JW. 29, 3258.

§ 317 ZPO.

S. 453 Anm. 5 Z. 9 von oben:

Durch die **Zustellung** einer **abgekürzten Urteilsausfertigung** wird die Berufungsfrist auch dann in Lauf gesetzt, wenn das **Urteil** überhaupt nicht oder **erst nachträglich mit** Tatbeständen und **Entscheidungsgründen versehen** wird. JRHR. (RG.) 30, 987.

§ 318 ZPO.

S. 455 Anm. 2 Z. 9 von oben:

Wird ein **Urteil**, nachdem es durch Verkündung für das Gericht bindend geworden ist, von demselben Gericht **nachträglich abgeändert, ohne** daß eine **Berichtigung** auf dem Wege des § 319 stattgefunden hat, so liegt ein wesentlicher Mangel des Verfahrens vor und ist, wenn sich in der Rechtsmittelinstanz ergibt, daß das von der Partei angefochtene, ihr zugegangene Urteil von dem tatsächlich verkündeten Urteil abweicht, das Urteil aufzuheben und die Sache in die Vorinstanz zurückzuverweisen. JW. 30, 3865.

§ 319 ZPO.

S. 455 Anm. 1 Z. 7 von unten:

So **kann** ein **Versäumnisurteil,** das irrtümlich (§ 708 Nr. 3) gegen Sicherheitsleistung für vorläufig vollstreckbar erklärt worden ist, **nicht** dahin **berichtigt** werden, **daß** es **ohne Sicherheitsleistung** vorläufig **vollstreckbar** sei (str.). JW. 30, 3862.

§ 319 ZPO.

S. 455 Anm. 1 Z. 7 von unten:

Ein **mit** vollem **Bewußtsein unterlassener Ausspruch** kann nicht nachträglich im Wege der Berichtigung nachgeholt werden. W. 30, 179 (JW. 30, 1528[1]).

§ 319 ZPO.

S. 456 Anm. 2 Z. 2 von unten:

Überhaupt kann von einer **offenbaren Unrichtigkeit eines Zuschlagsbeschlusses** nur dann die Rede sein, wenn der Inhalt des Beschlusses selbst das wirklich Gewollte klar ergibt. RG. 129, 161.

§ 319 ZPO.

S. 458 Anm. 9 Z. 2 von oben:

— Gegen einen Beschluß, durch den ein **Oberlandesgericht sein Urteil berichtigt** hat, ist die **Beschwerde** nach § 567 Abs. 3 **ausgeschlossen.** W. 30, 56, s. auch unten a. E.

§ 322 ZPO.

S. 462 Anm. 1 Z. 4 von oben:

Ist z. B. ein **Konkursverfahren** eröffnet und der **Eröffnungsbeschluß** mit Einschluß der Bestellung **des Konkursverwalters rechtskräftig** geworden, so kann dem demnächst in einem Prozesse klagenden **Verwalter nicht entgegengehalten** werden, **daß** das Konkursverfahren unzulässig und er deshalb **zur Klagerhebung nicht berechtigt** sei. RG. 129, 390.

§ 322 ZPO.

S. 462 Anm. 2 a. E.:

— Ein **im Verfahren der einstweiligen Verfügung** erlassenes **Urteil** (z. B. auf Verbot einer Firmenbezeichnung) schafft **nicht Rechtskraft für** den **Hauptprozeß,** auch wenn es den gleichen Tatbestand betrifft und auf Grund Anerkenntnisses ergangen ist. JW. 30, 1864[3].

§ 322 ZPO.

S. 465 Anm. 4 Z. 13:

Dies ist z. B. der Fall, wenn auf den **nämlichen Sachverhalt, nachdem Schadensersatz** nach § 249 Satz 1 BGB. (**Naturalwiederherstellung**) gefordert und dieser Anspruch (wegen Nichtentstehung eines Schadens) **rechtskräftig abgewiesen** war, eine **Klage auf Geldentschädigung** nach § 249 Satz 2 BGB. gestützt ist, da auch dieser Anspruch auf Herstellung gerichtet ist, nur in anderer Form, nämlich der einer durch Geldleistung des Schuldners vermittelten Selbstbefriedigung des Gläubigers. RG. 126, 403.

§ 322 ZPO.

S. 467 Anm. 4 Z. 13:

Überhaupt hat der **Grundsatz, daß** die **sachliche Abweisung der negativen Feststellungsklage** zugleich die **positive Feststellung des Gegenteils** bedeutet, **zur Voraussetzung,** daß die in der Klage verlangte negative Feststellung sich gegen einen bestimmten Anspruch, einen bestimmten Rechtszustand richtet, und hat nur unter dieser Voraussetzung die rechtskräftige Abweisung der negativen Feststellungsklage die Wirkung der rechtskräftigen Feststellung des Anspruchs. RG. 126, 19.

§ 322 ZPO.

S. 467 Anm. 4 Z. 20 **von oben:**

Ist aber ein **Anspruch** des Bestellers **auf Lieferung** einer vom Unternehmer **herzustellenden Sache rechtskräftig abgewiesen**, weil der Unternehmer rechtmäßig vom Vertrage zurückgetreten sei, so steht einem **Schadensersatzanspruch des Bestellers wegen Nichterfüllung** die Rechtskraft jenes Urteils auch insoweit entgegen, als er auf Verzug des Unternehmers vor seiner Rücktrittserklärung gestützt wird. RG. 130, 121.

§ 322 ZPO.

S. 470 Anm. 6 Z. 6 **von oben:**

Allerdings kommt bei einem **Zwischenurteil über den Grund** des Anspruchs eine materielle Rechtskraft im Sinne des § 322 nicht in Frage. Wenn es aber formell **rechtskräftig** (nicht durch Rechtsmittel mit Erfolg angefochten) ist, sind nach § 318 **für den konkreten Prozeß**, also für das Nachverfahren das **Instanzgericht und auch die oberen Instanzen daran gebunden.** Zur Feststellung des Umfangs dieser Bindung sind die Entscheidungsgründe des Zwischenurteils heranzuziehen. JW. 30, 3331.

§ 322 ZPO.

S. 470 Anm. 7 Z. 6 **von unten:**

Ist **auf Räumung geklagt** mit der Begründung, der **Beklagte** sei **mit** Zahlung von **Pachtzinsforderungen im Verzuge,** wendet sich der **Beklagte gegen** die **Annahme des Verzuges** mit der Behauptung, ihm stehe eine **Gegenforderung**, die die Pachtzinsforderung übersteige, **auf Schadensersatz** aus dem Pachtverhältnis zu, und wird dann der Beklagte unter **Verwerfung seiner Verteidigung** zur Räumung verurteilt, so ist nicht im Sinne des § 322 Abs. 2 über das Nichtbestehen einer zur Aufrechnung gegen eine vom Kläger eingeklagte Forderung gestellte Gegenforderung des Beklagten erkannt und steht die Rechtskraft des Urteils nicht der Geltendmachung der Forderung des Beklagten als jetzigen Klägers in einem neuen Prozeß entgegen. JRHR. 30, 1863.

§ 322 ZPO.

S. 471 Anm. 8 Z. 4 **von unten:**

Wenn der **Kläger gegenüber** dem gegen den nach Grund und Betrag an sich unstreitigen Klaganspruch vom Beklagten erhobenen **Aufrechnungseinwand in erster Linie Unzulässigkeit** der Aufrechnung (z. B. wegen Verzichts auf Aufrechnung), **in zweiter Linie Unbegründetheit** der Gegenforderung geltend macht, so darf das Gericht nicht dahingestellt lassen, ob die Aufrechnung unzulässig ist, und mit der Feststellung, daß die Gegenforderung nicht bestehe, nach dem Klagantrag erkennen; denn die Rechtskraft eines solchen Urteils ist nach § 322 Abs. 2 völlig in Zweifel gestellt, weil es keinen bestimmbaren Inhalt hat, da es keine klare Entscheidung darüber gibt, ob der Beklagte befugt ist, seine Gegenforderung in einem neuen Rechtsstreit gegen den Kläger geltend zu machen, ohne sich dem Einwand der rechtskräftig entschiedenen Sache auszusetzen. RG. 132, 306.

§ 323 ZPO.

S. 472 Anm. 2 Z. 13 **von oben:**

So z. B. wird der Tatbestand des § 323 nicht allein dadurch erfüllt, daß Annahmen hinsichtlich der Art des durch einen Unfall **verursachten Krankheitszustandes**, die dem früheren Urteil zugrunde gelegt worden sind, **nach jetziger** veränderter **Auffassung unrichtig** waren; die zur Zeit des früheren Urteils vorgelegenen wirklichen Verhältnisse sind deswegen nicht wesentlich verändert. JW. 30, 3315[10].

§ 323 ZPO.

S. 472 Anm. 2 Z. 13:

Z. B. kann, wenn in dem früheren Urteil **verminderte Erwerbsfähigkeit angenommen** ist, dies zwar, gleichviel ob die Annahme auf Beweiswürdigung oder unstreitigen Tatsachen beruht, als Entscheidungsgrund nachgeprüft werden, aber, sofern die **Verhältnisse die nämlichen geblieben sind, nicht** eine **Abänderung** der Entscheidung selbst, auch wenn sie sich nun als unrichtig und eine Minderung der Erwerbsfähigkeit als nicht vorhanden ergibt, erfolgen. RG. 126, 239.

§ 323 ZPO.

S. 473 Anm. 2 Z. 21 von oben:

Ist durch das frühere Urteil der **ursächliche Zusammenhang zwischen** einem **Unfall und** den **Erwerbsbeschränkung** ergebenden Krankheitserscheinungen **rechtskräftig festgestellt,** so kann eine Klage aus § 323 nicht darauf gestützt werden, daß aus einer **neueren besseren medizinischen Erkenntnis** sich eine **Verneinung** des früher irrtümlich angenommenen ursächlichen Zusammenhangs ergeben würde, es sei denn, daß behauptet wird, jene Krankheitserscheinungen seien weggefallen, die jetzigen seien erst nun zutage getretene Auswirkungen eines zwar schon früher vorhandenen, aber damals noch nicht wirkenden Krankheitszustandes. RG. 129, 320.

§ 323 ZPO.

S. 474 Anm. 2 Z. 4 von oben:

Gegenüber der **Klage auf Erhöhung einer** im Vorprozeß dem **durch** Unfall verletzten Kläger zugesprochenen **Geldrente,** weil die für die Bemessung dieser damals maßgebend gewesenen Grundlagen den wesentlich veränderten gegenwärtigen Wirtschaftsverhältnissen nicht mehr entspreche, welche Klage an sich schlüssig ist, ist der **Einwand des Beklagten,** die **Unfallfolgen** seien **inzwischen abgeklungen,** was jetzt an Krankheitszustand vorhanden sei, habe seine Ursache nicht in dem Unfall, sondern in einem anderen Leiden, erheblich auch dann, wenn der Keim des behaupteten anderen Leidens schon zur Zeit des früheren Urteils vorhanden, aber damals hinsichtlich seiner Einwirkung auf die Krankheitserscheinungen beim Kläger nicht erkennbar gewesen ist. JRHR. (RG.) 30, 1968.

§ 323 Abs. 4 ZPO.

S. 477 Anm. 7 a. E.:

Jedoch, wenn auch durch eine geleistete **Kapitalabfindung,** die **im Wege des Vergleichs für alle** jetzigen und künftigen **Ansprüche** aus einem Schadensereignis festgesetzt ist, regelmäßig das Rechtsverhältnis der Parteien auch dann endgültig beendet wird, falls die Abfindung zugleich dazu bestimmt war, den durch Arbeitsunfähigkeit geschmälerten Lebensunterhalt des Geschädigten zu ersetzen, ist doch die **Erhebung neuer Ansprüche** nicht ausgeschlossen, wenn besondere Umstände eine ergänzende Vertragsauslegung zulassen, welche den erklärten Verzicht auf alle künftigen Ansprüche in seiner Tragweite begrenzt. RG. 131, 281.

§ 325 ZPO.

S. 478 Anm. 1 Z. 3 von unten:

Das gleiche gilt für die Klage eines Nachlaßgläubigers gegen einen Miterben auf Feststellung, daß ihm eine Forderung gegen den Nachlaß zustehe, und für die Klage eines Miterben auf Feststellung des Nichtbestehens einer Forderung gegen den Nachlaß. JW. 29, 1654[11].

§ 325 ZPO.

S. 480 Anm. 3 Z. 18 von unten:

Dagegen wird **durch Mitschuldübernahme** (nicht befreiende Schuldübernahme [nicht privative, sondern kumulative Schuldübernahme]) ein **Rechtsnachfolgerverhältnis** zwischen dem Mitschuldübernehmer und dem ursprünglichen Alleinschuldner **nicht begründet**; z. B. wirkt ein wegen eines Pflichtteilsanspruchs gegen einen Miterben ergangenes Urteil nicht gegen den Käufer des Miterbenanteils, da nach §§ 2382, 2385 BGB. der Käufer in die Gesamthaftung der Miterben für die sich aus dem Pflichtteilrecht ergebende Nachlaßverbindlichkeit eingetreten ist und die Haftung des Veräußerers fortdauert. JRHR. (RG.) 30, 2021.

§ 328 ZPO.

S. 484 Anm. 1a a. E.:

— **Damit eine im Ausland erhobene Klage** eine nach deutschem Recht zu beurteilende **Verjährung** (z. B. eines Schadensersatzanspruchs wegen unerlaubter Handlung) **unterbricht, ist erforderlich,** daß das ausländische Verfahren von der inländischen Rechtsordnung anerkannt wird, daß also sämtliche Voraussetzungen des § 328 (z. B. auch die des Abs. 1 Nr. 5 [Verbürgtsein der Gegenseitigkeit]) erfüllt sind. RG. 129, 389.

§ 328 ZPO.

S. 486 Anm. 5 Z. 10 von oben:

Daher ist die Anerkennung zu versagen z. B. einem **Urteil, das** nicht **kraft** seiner eigenen Autorität, sondern infolge einer **nach deutschem Recht nicht erzwingbaren,** von dem freien Willen einer Partei abhängigen Handlung Rechtswirksamkeit erhält. JW. 30, 1877.

§ 328 ZPO.

S. 487 Anm. 6 Z. 10 von oben:

Hat sich der ausländische Staat die Nachprüfung der tatsächlichen Feststellungen oder des beobachteten Verfahrens oder der Anwendung der Rechte auf den festgestellten Tatbestand vorbehalten, so ist die Gegenseitigkeit nicht verbürgt. RG. 7, 409, JW. 30, 1877 (darunter fällt jedoch die bloße Prüfung, ob ausländisches Recht angewendet ist, nicht [str.], JW. 30, 1877).

§ 328 ZPO.

S. 488 Anm. 6 a. E.:

— Ist die **Gegenseitigkeit nicht verbürgt,** so **unterbricht** eine **in** dem betreffenden **Ausland** (z. B. Norwegen) **erhobene Klage** (oder Widerklage) **nicht** die nach deutschem Recht zu beurteilende **Verjährung.** RG. 129, 389, JW. 26, 374[6].

§ 328 ZPO.

S. 488 Anm. 6 a. E.:

Eine **Vereinbarung der Zuständigkeit eines ausländischen Gerichts** ist dann ungültig, wenn das Urteil des ausländischen Gerichts wegen **Nichtverbürgung der Gegenseitigkeit** in Deutschland nicht anerkannt werden würde. JW. 30, 652.

§ 330 ZPO.

S. 491 Anm. 2 Z. 1:

Denn das klagabweisende **Versäumnisurteil** ist eine **der materiellen Rechtskraft fähige,** in der Sache selbst ergehende, das sachliche Recht des Klägers verneinende Entscheidung, die vom kontradiktorischen Urteil sich nur nach der Art ihres Zustandekommens, nicht aber dem Wesensinhalt nach unterscheidet. RG. 132, 350. Diese Wirkung hat das rechtskräftig gewordene Versäumnisurteil **auch** dann, **wenn seine Erlassung einen wesentlichen Verstoß gegen** das **Prozeßgesetz enthielt;** so z. B., wenn von mehreren Klägern, welche notwendige Streitgenossen (§ 62) sind (z. B. mehrere Genossen bei der Anfechtungsklage aus § 111 GenG. gegen die Vorschußberechnung des Konkursverwalters), die einen erschienen, die anderen im Termin ausgeblieben sind und gegen die letzteren entgegen der Vorschrift des § 620 Abs. 1 (Vertretung der säumigen Streitgenossen durch die nicht säumigen) ein Versäumnisurteil erlassen ist, das mit dem Einspruch nicht angefochten wird. RG. 132, 349.

§ 331a ZPO.

S. 493 Anm. 1 Z. 1:

Das **Erfordernis für** eine **Entscheidung nach Lage der Akten** beim Ausbleiben einer Partei, daß der **Sachverhalt** für eine Entscheidung **hinreichend geklärt** ist, enthält eine Verstärkung der im § 331a angezogenen Vorschrift des § 253a, wonach ein Urteil nach Lage der Akten nur ergehen kann, wenn in einem früheren Termin eine mündliche

Verhandlung stattgefunden hat (Anm. 6). Dadurch soll eine sichere Grundlage zur Beantwortung der Frage gewährt werden, ob sich der Streitstoff zum Erlaß eines die Instanz endgültig abschließenden Urteils eignet. RG. 132, 335.

§ 331 a ZPO.

S. 493 Anm. 6 Z. 4 **von unten:**

Verliest der in 1. Instanz abgewiesene Kläger in **der** Schlußverhandlung der **Berufungsinstanz** einen **erweiterten Klagantrag, erklärt** er aber **dann** (z. B. nachdem sein Gesuch um Bewilligung des Armenrechts abgelehnt worden ist), **daß** er **nicht mehr auftrete,** so **kann** auf Antrag des Gegners ein **auch** die **Klagerweiterung,** wiewohl über diese nicht verhandelt worden ist, **umfassendes Aktenlageurteil** auf Zurückweisung der Berufung und Abweisung der erweiterten Klage **ergehen,** wenn eine frühere Verhandlung den erweiterten Anspruch bereits inhaltlich nach allen Richtungen umfaßte und die Erweiterung nicht eine inhaltliche Veränderung des Anspruchs darstellte. JW. 30, 141[10].

§ 336 ZPO.

S. 497 Anm. 1 Z. 4 **von oben:**

Auch in dem trotz gestelltem Antrag auf Versäumnisurteil von Amts wegen erfolgten Aussprechen der Vertagung liegt eine Zurückweisung des Antrags im Sinne des § 336. JW. 30, 2069.

§ 336 ZPO.

S. 498 Anm. 2 a. E.:

— Ist, nachdem trotz Antrag auf Versäumnisurteil von Amts wegen vertagt worden ist (s. dazu Anm. 1) und in dem neuen Termin beide Parteien dann erschienen sind, vom Antragsteller nunmehr (z. B. zufolge Einreichung eines Schriftsatzes des Gegners) selbst Vertagung beantragt worden, so kann er nicht mehr gegen die erste Vertagung von Amts wegen Beschwerde einlegen, da er sich des Rechts auf Beschwerde begeben hat. JW. 30, 2069.

§ 336 ZPO.

S. 498 Anm. 2 a. E.:

— Ist, nachdem **entgegen dem Antrag auf** Erlassung des **Versäumnisurteils** gegen den nicht erschienenen Gegner die **Vertagung** ausgesprochen worden und dann **in dem neuen Termin** der geladene Gegner nunmehr erschienen war, der Antragsteller in diesem Termin **mit dem Gegner in die Streitverhandlung eingetreten,** so kann er nicht mehr im Wege der sofortigen Beschwerde gegen die Zurückweisung seines Antrags die Durchführung dieses Antrags durch Erlassung jetzt noch des Versäumnisurteils verfolgen. JW. 30, 2807 (2069).

§ 344 ZPO.

S. 502 Anm. 1 Z. 6 **von oben:**

Das Versäumnisurteil ist nicht in gesetzlicher Weise ergangen (§ 344 findet also keine Anwendung), wenn dem Versäumnisurteil ein Hindernis (z. B. Vergleich auch über die Kosten) entgegenstand, auch wenn dieses dem Gericht unbekannt war. JW. 29, 1892.

Vorbem. vor § 348 ZPO.

S. 505 Z. 11 **von oben:**

Die Tätigkeit **des Einzelrichters** ist auf solche **Entscheidungen** beschränkt, die im Einverständnis der Parteien erfolgen (§ 349 Abs. 3) oder die zwar auch den Rechtsstreit in der Instanz beenden, aber ein besonderes Einverständnis der Parteien entbehrlich machen (§ 349 Abs. 1 Nr. 1 und 3) oder die prozeßhindernde Einreden betreffen (§ 349 Abs. 1 Nr. 2) oder die sich aus dem Nichterscheinen einer oder beider Parteien als Folge ergeben (§ 349 Abs. 1 Nr. 4 und 5). Zu einer abschließenden Entscheidung in der Sache hat der Einzelrichter sonst keine Befugnis, vielmehr ist dafür das Kollegium zuständig. JW. 30, 1091.

§ 349 ZPO.

S. 508 Anm. 10 a. E.:

Aus Abs. 3, wonach der **Einzelrichter** in nichtvermögensrechtlichen Streitigkeiten auch bei Einverständnis beider Parteien nicht an Stelle des Prozeßgerichts entscheiden kann, ist aber zu folgern, daß der Einzelrichter **in nichtvermögensrechtlichen Streitigkeiten**, wie Ehesachen, **nicht** zur Erlassung eines **Urteils nach Lage der Akten** befugt ist (str.). JW. 30, 2802, 3332.

§ 363 ZPO.

S. 515 Anm. 2 a. E.:

— Die ausländische Behörde braucht nur ihre eigenen **Verfahrensvorschriften** einzuhalten (vgl. aber § 369); **über die Folgen** der Verweigerung des Zeugnisses oder eines Parteieides und darüber, ob ein Eid als verweigert anzusehen ist, entscheidet dagegen das erkennende Gericht **nach freiem Ermessen.** JW. 29, 1883[11].

§ 377 Abs. 4 ZPO.

S. 525 Anm. 13 a. E.:

— **Im Eheverfahren** ist § 377 **Abs. 4 nicht anwendbar, da**, wenn auch das erforderliche Einverständnis der Parteien das Gericht nicht, wie deren Verzicht auf die Beeidigung gemäß § 391 Abs. 2, bindet, es vielmehr jederzeit die ordentliche Vernehmung und die Beeidigung des Zeugen nachholen kann, doch § 617 Abs. 2 die Vorschriften über den Verzicht der Parteien auf die Beeidigung von Zeugen (in Ansehung ehefeindlicher Tatsachen) für unanwendbar erklärt und das **Einverständnis der Parteien mit schriftlicher Aussage** und eidesstattlicher Versicherung der Richtigkeit **dem Verzicht auf** förmliche **Beeidigung gleichkommt** (str.). RG. 130, 9.

§ 380 ZPO.

S. 528 Anm. 2 Z. 1 von oben:

Entschuldigt ist auch der Zeuge, der schriftlich oder zum Protokoll der Geschäftsstelle die Verweigerung des Zeugnisses erklärt hat und deshalb nach § 386 Abs. 3 zum Erscheinen nicht verpflichtet ist, solange nicht das Prozeßgericht gemäß § 387 seine Weigerung als unberechtigt erklärt hat; auf die Berechtigung oder Nichtberechtigung der Weigerung kommt es nicht an, es sei denn, daß der von dem Zeugen angegebene Grund mutwillig angebracht oder unwahr ist. JW. 29, 1675.

§ 383 ZPO.

S. 530 Anm. 5 a. E:.

Aber **auch wenn** die **Ehe für nichtig erklärt** worden ist, besteht das **Zeugnisverweigerungsrecht.** RG. 47, 286, 56, 427, W. 30, 115.

§ 398 ZPO.

S. 547 Anm. 2 a. E.:

Desgleichen nicht, wenn beantragt ist, den Zeugen **über Vorgänge**, die erst **nach** seiner **ersten Vernehmung** geschehen sein sollen, zu vernehmen. Hierüber **muß** also (kein Ermessen) **der Zeuge**, wenn die Vorgänge erheblich sind (nochmals) **vernommen werden.** W. 30, 218.

§ 406 ZPO.

S. 553 Anm. 6 Z. 6 von oben:

Voraussetzung aber ist, **daß** schriftliche Begutachtung im Beweisbeschluß gemäß § 411 angeordnet ist. Wenn, ohne daß dies geschehen ist, der Sachverständige nur aufgefordert ist, zur Vorbereitung seiner Vernehmung sein im Termin abzugebendes Gutachten schriftlich zu erstatten, so trifft § 406 Abs. 2 S. 1 nicht zu und kann der **Sachverständige** auch **noch nach Einreichung des schriftlichen Gutachtens vor seiner Vernehmung abgelehnt** werden. JW. 30, 1090.

§ 406 ZPO.

S. 554 Anm. 11 Z. 6 von oben:

Ist die **Entscheidung über** die **Ablehnung eines Sachverständigen nicht durch besonderen Beschluß, sondern erst im Urteil** gleichzeitig mit der Entscheidung in der Hauptsache **erfolgt,** so ist sie ebenso unanfechtbar, wie sie es wäre, wenn sie durch besonderen Beschluß erlassen wäre; mithin ist die Entscheidung im Urteil eines Oberlandesgerichts unanfechtbar, da ein Beschluß des Oberlandesgerichts nach § 567 Abs. 3 nicht anfechtbar wäre. JRHR. (RG.) 30, 1399.

§ 418 ZPO.

S. 566 Anm. 1 Z. 5 von unten:

RG. 131, 285 (**Bescheinigung des Urkundsbeamten** gerichtlicher Geschäftsstelle über den **Empfang einer Urkunde**).

§ 418 ZPO.

S. 567 Anm. 2 a. E.:

Die **Bescheinigung des Urkundsbeamten** gerichtlicher Geschäftsstelle, **daß** er einen **Antrag an** einem **bestimmten Tage empfangen** habe, wird **nicht** dadurch **als unrichtig erwiesen,** daß ihre Unterzeichnung als erst an einem späteren Tage geschehen dargetan wird, noch dadurch, daß der Beamte die Bescheinigung ausgestellt hat, ohne sich im Zeitpunkt der Unterzeichnung vom Vorhandensein des Antrags auf der Geschäftsstelle zu überzeugen, noch dadurch, daß mit der Möglichkeit des Abhandenkommens des Antrags vor seiner Abgabe an die Geschäftsstelle nach der Sachlage zu rechnen ist. RG. 131, 287.

§ 419 ZPO.

S. 567 Anm. 2 a. E.:

— **Auch in Wechselsachen** ist im Fall einer **Durchstreichung auf** der **Wechselurkunde** der urkundliche Tatbestand **zunächst vom Gericht frei zu würdigen,** und zwar in dem Sinne, daß nicht ohne weiteres das Durchstrichene als nicht geschrieben zu gelten hätte; die Frage der Beweislast kommt erst in Betracht, wenn das Gericht bei Prüfung der Sachlage einen Beweis nach der Richtung für erforderlich hält, welche urkundliche Erklärung als abgegeben zu gelten habe (z. B. ob aus der Durchstreichung eines Übertragungsvermerks bei Bestehenlassen der Unterschrift ein Blankoindossament zu entnehmen sei). RG. 129, 165.

§ 447 ZPO.

S. 582 Anm. 1 Z. 1:

Zieht eine **beweispflichtige Partei** die zuerst erfolgte **Eideszuschiebung** über ihre Behauptung demnächst **zurück,** so ist das Gericht nicht behindert, unter **freier Beweiswürdigung** die Behauptung als nicht wahr zu erachten. JW. 30, 1003[19].

§ 460 ZPO.

S. 590 Anm. 3 a. E.:

— Die Vorschrift des Abs. 2 ist zwingend; eine **Abnahme des Eides vor** der **Rechtskraft** des Urteils ist **unzulässig.** Ein bedingtes Endurteil ist aber erst dann rechtskräftig, wenn es in allen seinen Teilen, also (§ 462) sowohl hinsichtlich der Eidesnorm als auch hinsichtlich der Folgen der Eidesleistung bzw. Eidesweigerung endgültig feststeht und in keiner dieser Richtungen mehr mit dem zulässigen Rechtsmittel angefochten ist oder angefochten werden kann. JW. 30, 2952[20]. Deshalb ist, auch wenn die Folgen der Eidesleistung (z. B. Abweisung der Klage) bereits feststehen, dagegen **noch über gewisse Folgen der Eidesweigerung zu entscheiden** ist, die **Abnahme des Eides** von dem sich dazu erbietenden Eidespflichtigen und die Erlassung des der Folge der Eidesleistung entsprechenden Läuterungsurteils **unzulässig** (und in der Rechtsmittelinstanz aufzuheben). JW. 30, 2952[20] (str.).

§ 464 ZPO.

S. 596 Anm. 4 a. E.:

Ist in einer Ehescheidungssache einem **Ehegatten ein Eid dahin** auferlegt, **daß** er **mit X weder die Ehe gebrochen noch ein Liebesverhältnis unterhalten** habe, und **erklärt** er **dann**, daß er den Eid über den Ehebruch leisten, aber **den über das Liebesverhältnis nicht leisten wolle**, so ist eine Änderung des Eides nach § 469 nicht zulässig, vielmehr ist der Eid als überhaupt verweigert anzusehen, jedoch nur mit der Wirkung aus § 464 Abs. 2, daß nicht der Ehebruch, wohl aber mindestens das Liebesverhältnis als voll bewiesen gilt. JW. 30, 2068.

§ 465 ZPO.

S. 596 Anm. 1 Z. 3 von oben:

Im Falle des Ausbleibens vor einem ausländischen Gericht bestimmen sich die Folgen nicht nach ausländischem Recht, sondern das erkennende Gericht hat nach freiem Ermessen zu entscheiden, ob in dem Verhalten des Schwurpflichtigen eine Erklärung der Eidesverweigerung zu finden ist, ebenso wie es im Falle der eidlichen oder uneidlichen Vernehmung des Schwurpflichtigen durch das ausländische Gericht an Stelle der Eidesleistung (z. B. in Österreich) nach freiem Ermessen zu entscheiden hat, ob dadurch Beweis i. S. der einen oder der anderen Partei erbracht ist. JW. 29, 1883[12].

§ 469 ZPO.

S. 600 Anm. 5 a. E.:

— Ist einem **Erben zur Bekräftigung eines Nachlaßbestandsverzeichnisses** richterlich (§ 477) der **Offenbarungseid** auferlegt, so **kann** er **vor der Eidesleistung** das unvollständige oder unrichtige **Verzeichnis ergänzen** oder sonst berichtigen. RG. 129, 245.

§ 471 ZPO.

S. 602 Anm. 1 Z. 1 von oben:

Auch **in** der **Revisionsinstanz** ist die Rüge der **Nichtbeachtung des § 471 zu berücksichtigen** (so z. B., wenn das Berufungsgericht ein erstinstanzliches bedingtes Endurteil bestehen gelassen hat, wiewohl der Schwurpflichtige in der Berufungsinstanz gestorben ist). RG. 55, 17, 57, 235, W. 30, 22.

§ 475 ZPO.

S. 607 Anm. 3 Z. 6 von unten:

Kann eine Partei allein aus eigener Wahrnehmung schwören und werden ihre Behauptungen durch anderweite Umstände genügend unterstützt, so kann sie zum Eide verstattet werden, wiewohl sie an sich vertrauensunwürdig ist. JW. 29, 1463[9].

§ 476 ZPO.

S. 608 Anm. 1 a. E.:

Während § 472 Abs. 2 für den Fall, daß der **mehreren Streitgenossen** zugeschobene Eid nur von einigen geleistet wird, dem Richter die freie Beweiswürdigung gestattet, ob er trotz der Eidesweigerung der übrigen Schwurpflichtigen die zu erweisende Tatsache für wahr erachten will, ist diese freie Beweiswürdigung beim richterlichen Eid ausgeschlossen; ist daher der **richterliche Eid** mehreren Streitgenossen **auferlegt** worden, so spricht das Gericht damit aus, daß die formelle Beweiswürdigung nach **§ 463 nur eintreten** soll, **wenn sämtliche Schwurpflichtigen den Eid leisten.** JW. 30, 3863.

§ 511 ZPO.

S. 638 Anm. 3 vor „In Ehesachen":

Auch ist eine **Beschwer des Klägers** gegeben, wenn er einen **ziffermäßig bestimmten Betrag gefordert** hat und er **mit einem Teil** davon **abgewiesen ist, mag er auch** seinem Anspruch **hinzugefügt haben**, daß er die **Festsetzung des Betrags** dem **richterlichen**

Ermessen unterstelle, da der Zusatz, der den Kläger offenbar gegen die Kostenlast schützen sollte, hierzu ungeeignet und daher zwecklos war. RG. 128, 366.

§ 511 ZPO.

S. 638 Anm. 3 Z. 8 von oben:

Diese (in anderen als Ehesachen) erforderliche **Beschwer des Berufungsklägers**, die sich beim Vergleich des entscheidenden Inhalts des anzufechtenden Urteils mit den vom Berufungskläger in 1. Instanz gestellten Anträgen ergibt, **muß zur Zeit der Berufungseinlegung noch fortbestehen.** Demnach ist die Berufung unzulässig, wenn schon vor ihrer Einlegung durch Berichtigung eines dem Berufungskläger ungünstigen Rechnungsfehlers gemäß § 319 die vorgenannte Beschwer beseitigt ist. RG. 130, 100.

§ 511 ZPO.

Daselbst Z. 11 von oben:

Deshalb ist auch die **Berufung unzulässig**, welche von einem Kläger, der in 1. Instanz mit dem einen von zwei Sachanträgen **voll obgesiegt** hat, mit dem anderen unterlegen ist, **lediglich** auf eine **Erweiterung** (§ 529 Abs. 4) **des** ersteren **zuerkannten Anspruchs** abgestellt wird. RG. 130, 101.

§ 511a ZPO.

S. 639 Anm. 3 a. E.:

— Das **Berufungsgericht** hat, **auch wenn** der **Wert des Beschwerdegegenstandes nicht** gemäß der Vorschrift des Abs. 3 **glaubhaft gemacht** ist, die **Verpflichtung**, das Vorhandensein des für die Zulässigkeit der Berufung erforderlichen Wertes **des** Beschwerdegegenstandes **zu prüfen** und diesen gemäß Abs. 2 in Verbindung mit §§ 3ff. festzusetzen. Gegen seine Festsetzung auf einen die Beschwerdesumme übersteigenden Betrag kann nach § 547 Nr. 1 mit der **Revision gegen** sein (demnächst) erlassenes **sachliches Urteil** an sich insofern angekämpft werden, als **geltend gemacht** wird, die **Beschwerdesumme sei in Wirklichkeit nicht gegeben** und deshalb hätte die Berufung als unzulässig verworfen werden müssen. Jedoch hat das Revisionsgericht, wenn das Berufungsgericht gemäß § 3 den Wert des Beschwerdegegenstandes nach freiem Ermessen festgesetzt und von seinem Ermessen keinen ungesetzlichen Gebrauch gemacht hat, die Schätzung des Wertes des Beschwerdegegenstandes nicht nachzuprüfen, so daß die Revision sich als unbegründet erweist. W. 30, 117.

§ 514 ZPO.

S. 642 Anm. 1 Z. 12 von unten:

Die **Erklärung** des Rechtsmittelklägers, es werde das **Rechtsmittel** „auf den [betreffenden Teil-] **Betrag und** die gesamten **Kosten beschränkt**", ist als **Verzicht auf das Rechtsmittel im übrigen** auszulegen. JW. 27, 845[10]. In der **Erklärung** dagegen des in 1. Instanz abgewiesenen Klägers, es werde „**für einen Betrag von** ..." (Teilbetrag des Streitgegenstandes) **Berufung eingelegt**, liegt nicht ein klarer und unzweideutiger Verzicht auf das Rechtsmittel für den übrigen Teil des Streitgegenstandes; daher **kann** auf diesen Teil die **Berufung nachträglich erweitert werden**, und zwar **auch nach Ablauf der Begründungsfrist** (§ 519 Abs. 2, Anm. 5 dort, Anm. 5 § 554). JW. 30, 3549[8] (W. 30, 226).

§ 515 ZPO.

S. 644 Anm. 1 a. E.:

— **Mit Einwilligung des Berufungsbeklagten** kann die **Berufung noch bis zur** Beendigung der Berufungsinstanz, also bis zur Verkündung eines Endurteils, das unanfechtbar ist, bzw. bis zur Rechtskraft des Endurteils, mithin noch während der Revisionsfrist bis zur **Einlegung der Revision zurückgenommen** werden. Nach Einlegung der Revision ist auch mit Einwilligung des Berufungsbeklagten die Zurücknahme nicht zulässig. JRPR. (RG.) 30, 1157.

§ 515 ZPO.

S. 645 Anm. 1a a. E.:

Sind **mehrere Streitsachen** zwischen den nämlichen Parteien anhängig, so muß der **Zurücknahmeschriftsatz klar erkennen lassen, auf welche** der Streitsachen sich die Zurücknahme der Berufung bezieht. JRHR. (RG.) 30, 352.

§ 515 ZPO.

S. 645 Anm. 1a a. E.:

Erscheint der **Berufungskläger, nachdem** er durch zugestellten Schriftsatz die **Berufung zurückgenommen** hat, in der mündlichen Verhandlung **nicht** und wird die Zustellung des Rücknahmeschriftsatzes und der Berufungseinlegung (letztere aus den Gerichtsakten) nachgewiesen, so ist er auf Antrag des erschienenen Gegners gemäß §§ 330, 542 durch echtes **Versäumnisurteil,** nicht durch sog. unechtes Versäumnisurteil (einseitig **kontradiktorisches** Urteil, s. Anm. 2 § 330) des Rechtsmittels für verlustig zu erklären (str.). JW. 30, 147[26]. Ist ein solches echtes Versäumnisurteil nach dessen Bezeichnung und Inhalt erlassen, so daß dagegen nur der Einspruch, nicht die Revision als Rechtsbehelf gegeben ist, so **verweigert die Geschäftsstelle des Revisionsgerichts mit Recht** die Erteilung eines **Notfristattestes** für das Urteil nach § 706. JW. 30, 147[26].

§ 515 ZPO.

S. 645 Anm. 3 a. E.:

— Die nach § 515 Abs. 3 auf Antrag des Gegners durch Urteil auszusprechende Kostenpflicht des Berufungsklägers bezieht sich nicht auf die Kosten, über die bereits rechtskräftig erkannt ist oder die durch Vergleich übernommen sind. Dagegen hat eine weitere Ausnahme nicht statt. Insbesondere kann der Umstand, daß das Gericht im fortgesetzten Verfahren berechtigt oder verpflichtet gewesen wäre, bei einer nach §§ 91 ff. ergehenden Kostenentscheidung einzelne Kosten dem Beklagten nach §§ 95—97 aufzuerlegen, **nicht** dazu führen, solche **einzelnen Kosten von** der allgemein festzustellenden **Kostenpflicht** des die **Berufung Zurücknehmenden auszunehmen.** JW. 30, 2995.

§ 515 ZPO.

S. 645 Anm. 3 Z. 1:

Die im § 515 Abs. 3 geregelte **Kostenpflicht des** die **Berufung Zurücknehmenden** kann **auch Gegenstand der Vereinbarung** der Parteien (z. B. durch Vergleich) sein und ist **insofern dispositiver Natur.** OLG. 15, 88, 149, 25, 121, JW. 30, 581.

§ 516 ZPO.

S. 646 Anm. 3 Z. 2 von oben:

Um die **Rechtzeitigkeit der Berufung darzutun, genügt** es, wenn der Berufungskläger **nachweist, daß er** das angefochtene **Urteil noch nicht zugestellt** habe (z. B. durch Vorlegung der ihm erteilten, mit keinem Zustellungsvermerk versehenen Urteilsausfertigung) und daß seit der Verkündung des Urteils noch nicht 5 Monate verstrichen seien. Dieser Nachweis genügt auch, den Antrag auf Versäumnisurteil gegen den nicht erschienenen Berufungsbeklagten zu rechtfertigen. Dessen Sache wäre es, zu beweisen, daß und wann dem Berufungskläger vor ihm das Urteil zugestellt worden sei, wenn er die Berufung zu Fall bringen wollte. JW. 30, 171 (3333).

§ 518 ZPO.

S. 650 Anm. 2 Z. 2 von oben:

In Patentstreitigkeiten muß nach § 33 Abs. 1 Satz 3 PatG. die **Berufungsschrift ebenfalls handschriftlich unterzeichnet** sein. RG. 126, 257.

§ 518 ZPO.

S. 650 Anm. 2 Z. 3 von oben:

Aus der **Berufungsschrift** selbst, nicht aus außerhalb liegenden Umständen, muß sich, wenigstens im Wege der Auslegung, ergeben, **für wen die Berufung eingelegt** wird (z. B. ist, wenn einige von mehreren Beschwerten versehentlich nicht aufgeführt sind, die Berufung für diese nicht wirksam eingelegt; wird infolgedessen die Berufungsfrist für sie versäumt, so kann nur Wiedereinsetzung in den vorigen Stand in Frage kommen). W. 29, 170.

§ 518 ZPO.

S. 650 Anm. 3 a. E.:

Ist jedoch **in der Berufungsschrift eines von mehreren Urteilen,** die der Anwalt zur Hand hatte, deutlich als das anzugreifende **bezeichnet,** so kann nach Ablauf der Berufungsfrist **für** ein **anderes** der Urteile **weder** eine **Berichtigung** der Berufungsschrift dahin, daß die Berufung sich in Wirklichkeit gegen das letztere Urteil richte, erfolgen **noch** die **Wiedereinsetzung** in den vorigen Stand gegen die Versäumung der Berufungsfrist gewährt werden. W. 29, 107.

§ 519 ZPO.

S. 652 Anm. 4 a. E.:

Ein im Verlängerungsgesuch erklärter Verzicht auf Zustellung der die Verlängerung bewilligenden Verfügung hat nicht zur Folge, daß die Verfügung ohne Zustellung oder sonstige Bekanntmachung alsbald mit ihrer Unterzeichnung wirksam geworden ist; vielmehr bedarf es zur Wirksamkeit trotz des Verzichts der förmlichen Zustellung. W. 29, 86.

§ 519 ZPO.

S. 655 Anm. 9 Z. 2 von oben:

Wenn die Frist auf den 14./7. gesetzt und dieser Tag ein Sonntag ist, so läuft sie, da der nach § 222 Abs. 2 als Endzeit an Stelle des Sonntags tretende nächstfolgende Werktag des 15./7. bereits in die Gerichtsferien fällt, gemäß § 223 Abs. 1 erst am 16./9. ab. W. 29, 196.

§ 519 ZPO.

S. 653 Anm. 5 Z. 20 von unten:

Liegt jedoch eine solche endgültige Erklärung nicht vor, so kann der Berufungskläger einen zunächst **beschränkten Berufungsantrag** grundsätzlich **auch noch nach Ablauf der Begründungsfrist** im Laufe des Rechtszuges (auch allmählich nach und nach) auf den ganzen Umfang seiner Beschwerung **erweitern.** JW. 30, 2954[22]. Hat der in 1. Instanz abgewiesene Kläger Berufung eingelegt mit dem Antrage, nach dem Klagantrage zu erkennen, demnächst aber, nachdem ihm das nachgesuchte Armenrecht nur zu einem Bruchteil des Streitgegenstandes erteilt worden war, beantragt, in Abänderung des angefochtenen Urteils zu diesem Bruchteil nach dem Klagantrage zu erkennen, so ist, wenn die nach Abs. 6 gesetzte Frist zum Nachweis der Zahlung der zunächst von dem ganzen Streitgegenstand und dann nach der Teilbewilligung des Armenrechts von dem Rest des Streitgegenstandes berechneten Prozeßgebühr erfolglos abgelaufen ist, nicht wiederum eine Erweiterung des genannten nachträglich beschränkten Berufungsantrags zulässig, gleichviel, ob dieser beschränkte Antrag den Sinn hatte, daß das Verfahren über den Rest der Berufung vorläufig ruhen solle, oder den Sinn, daß die Berufung insoweit zurückgenommen werde, und ist daher die Berufung hinsichtlich des Restes in jedem Fall als unzulässig zu verwerfen; in dem zuletzt genannten Falle ging der Berufungskläger nach § 515 Abs. 3 der Berufung hinsichtlich des Restes verlustig und wurde das 1. Urteil insoweit rechtskräftig, so daß eine Erweiterung auf diesen Rest nicht mehr in Frage kommen konnte, und in dem zuerst genannten Falle hatte es zum Ruhenlassen und demnächstigen Wiederaufnehmen des Verfahrens hinsichtlich des Restes gemäß § 251 des Einverständnisses des Gegners und der Zustimmung des Gerichts bedurft. JW. 30, 2954[22].

§ 519 ZPO.

S. 653 Anm. 5 Z. 25 von unten:

Ist im Falle der Berufungseinlegung nur bezüglich eines Teiles des Streitgegenstandes nicht ein Verzicht auf das Rechtsmittel im übrigen (s. § 514 Anm. 1) anzunehmen, so kann der Berufungsantrag später erweitert werden, und zwar auch noch nach Ablauf der Begründungsfrist (vgl. § 554 Anm. 5), durch einen entsprechenden Schriftsatz und Verlesen in der mündlichen Verhandlung. W. 30, 226.

§ 519 ZPO.

S. 653 Anm. 5 Z. 31 von oben:

Eine **Erweiterung des Berufungsangriffs** ist, wenn die Berufung hinsichtlich des Teils formgerecht eingelegt worden ist, **auch noch nach Ablauf der Begründungsfrist zulässig**, da im Gesetz über Unzulässigkeit solcher Erweiterung eine Bestimmung nicht getroffen ist (z. B. kann der auf die Klage verurteilte und mit der Widerklage abgewiesene Beklagte, wenn er nur auf Abweisung der Klage die Berufung formgerecht eingelegt und begründet hat, auch noch nach Ablauf der Begründungsfrist die Berufung auf Verurteilung nach seinem Widerklagantrag erweitern). W. 29, 169.

§ 519 ZPO.

S. 654 Anm. 5 a. E.:

Eine solche **Erklärung** in der **Berufungsbegründung** (das **Vorbringen in erster Instanz werde wiederholt**) wird **auch im Fall** eines **bloßen Vordrucks**, wenn **vor dem** im letzten Verhandlungstermin (gemäß § 251a) anberaumten **Verkündungstermin** der ersten Instanz ein **Schriftsatz** des jetzigen Berufungsklägers **zu den Akten gelangt** war, im Hinblick auf die Zurückweisungsvorschrift des § 529 Abs. 3 in der Regel dahin **zu deuten** sein, **daß auch auf diesen** nachträglichen Schriftsatz als erstinstanzliches Vorbringen **Bezug genommen werde**. RG. 132, 333.

§ 519 ZPO.

S. 654 Anm. 6 a. E.:

Eine Streitwertfestsetzung, nach der die Prozeßgebühr für die Berufungsinstanz vom Berufungskläger erfordert worden, ist nach § 17 GKG. unanfechtbar, wenn die Berufung wegen Nichtzahlung der Prozeßgebühr verworfen worden ist. JRHR. 30, 1061.

§ 519 ZPO.

S. 654 Anm. 8a Z. 3 von unten:

Damit in solchem Falle der **Bewilligung des Teilarmenrechts** die gesetzte Nachweisfrist ihre Wirkung üben kann, **müssen** allerdings **Unklarheiten über** die **Höhe der** nunmehr zu zahlenden **Prozeßgebühr beseitigt werden**. JW. 25, 2767[20], 26, 2685, 30, 2956[23]. Jedoch genügt es, wenn die nun mitgeteilte Berechnung klar ergibt, daß die jetzige Anforderung der teilweisen Bewilligung des Armenrechts Rechnung trägt. JW. 30, 2956[23].

§ 519 ZPO.

S. 654 Anm. 8a Z. 3 von unten:

Wird derselben Partei das **Armenrecht für die Berufung zur Widerklage bewilligt**, dagegen für die Berufung **zur Klage versagt**, so hat die Partei die **volle** Prozeßgebühr **für** die **Berufung zur Klage** auch dann zu entrichten, wenn es wie in Ehesachen nach § 13 GKG. für Klage (z. B. auf Scheidung, der in der Vorinstanz stattgegeben ist) und für Widerklage (z. B. auf Wiederherstellung des ehelichen Lebens, die in der Vorinstanz abgelehnt ist) nur einen Streitgegenstand, einen einheitlichen Streitwert und nur eine Gebühr gibt. JRHR. (RG.) 28, 183, 30, 750.

§ 519 ZPO.

S. 654 Anm. 8a a. E.:

Insbesondere ist dem Berufungskläger, wenn ihm das **zunächst bewilligte Armenrecht später** (z. B. nach Beweisaufnahme) wegen Aussichtslosigkeit der Rechtsverfolgung

entzogen wird, nunmehr die **Nachweisfrist zu bestimmen**; eine Partei, der nachträglich das Armenrecht entzogen wird, hat keinen begründeten Anspruch darauf, in Ansehung der Prozeßgebührzahlung vor dem Gesetz besser gestellt zu werden als eine Partei, der das Armenrecht für die Berufung sofort versagt und demgemäß die Nachweisfrist nach § 519 Abs. 6 Satz 1 bestimmt wird (str.). RG. 132, 353, JW. 29, 2527[21].

§ 519 ZPO.

S. 655 Anm. 9 Z. 2 von oben:

Wird in solchem Falle die Sache **während der Ferien** nachträglich **zur Feriensache erklärt,** so **beginnt** der **Lauf der restlichen Frist** nach § 222 Abs. 1 ZPO., § 187 Abs. 1 BGB. mit dem auf die Zustellung des Erklärungsbeschlusses folgenden Tage. W. 29, 172.

§ 519 ZPO.

S. 655 Anm. 9 Z. 5 von oben:

Danach beginnt, wenn die **Frist in den Ferien auf einen bestimmten Endzeitpunkt nach den Ferien gesetzt** ist, gemäß § 223 Abs. 1 Satz 3 die Frist mit dem 16./9. und sind vom Endzeitpunkt ab die Tage von Zustellung der Fristbestimmung bis zum Ende der Ferien (15./9.) hinzuzuzählen. W. 30, 41.

§ 519 ZPO.

S. 655 Anm. 9 Z. 25 von oben:

Das Reichsgericht ist aber neuerdings in JW. 30, 2224[14] (8. ZS.) entgegen SeuffA. 84, 54 (1. ZS.) der Ansicht beigetreten, daß die **Anforderung der Prozeßgebühr** (formlos) **an den Prozeßbevollmächtigten** der Partei erfolgen kann, namentlich dann, wenn die Anschrift der Partei selbst nicht genau bekannt ist, und daß jedenfalls es genügt, wenn die Anforderung der Partei überhaupt rechtzeitig zugegangen ist, sei es auch durch Vermittlung ihres Prozeßbevollmächtigten, wobei nicht vom Gesetz erfordert ist, daß die Mitteilung des Gebührenbetrages gleichzeitig mit der Zustellung der Fristverfügung des Vorsitzenden geschieht.

§ 519 ZPO.

S. 655 Anm. 9 Z. 6 von unten:

Die Bekanntgabe muß aber gegenüber dem Prozeßbevollmächtigten erfolgen, eine Erklärung gegenüber einem Angestellten des Anwalts genügt nicht. JW. 29, 1656[14].

§ 519 ZPO.

S. 655 Anm. 9 Z. 3 von unten:

Ist für eine im vollen Umfang eingelegte Berufung die Nachweisfrist gesetzt, so bedarf es, wenn **demnächst die Berufung auf einen Teil** des Streitgegenstandes **beschränkt** wird, **nicht** einer **neuen Fristsetzung zum Nachweis der Zahlung** der für den betreffenden Teil des Streitgegenstandes nun **noch zu entrichtenden Prozeßgebühr.** RG. 115, 24, JW. 30, 1511.

§ 519 Abs. 6 ZPO.

S. 657 Anm. 12 Z. 7 von oben:

Weitergehend ist vom 4. ZS. in RG. 130, 345, unter Aufgabe seiner gegenteiligen Meinung in JW. 26, 578[3], ausgesprochen, daß **durch** eine **unstatthafte Beschwerde** überhaupt **keine weitere Fristhemmung herbeigeführt** wird, gleichviel ob die Beschwerde von der Partei im Glauben an ihre Statthaftigkeit oder von einem Anwalt im Bewußtsein ihrer Unstatthaftigkeit eingelegt wird, und daß somit bei unstatthafter Beschwerde der Lauf der Nachweisfrist trotz Beschwerdeeinlegung nur bis zum Ablauf von zwei Wochen nach der Zustellung des das Armenrecht versagenden Beschlusses gehemmt wird.

§ 519 ZPO.

S. 657 Anm. 12 Z. 12 von oben:

Ist z. B. die **Nachweisfrist während der Ferien auf den 1./10. bestimmt** und die Bestimmung am 1./9. zugestellt, so daß die Frist am 16./9. beginnt und zum 15./10. endet (s. Anm. 9), und ist das **Armenrechtsgesuch vor Beginn der Frist** eingereicht und der Beschluß über Versagung des Armenrechts am 21./9. zugestellt, so verlängert sich die Frist vom letzteren Tage ab um 30 + 14 Tage, so daß sie am 4./11. endet, und zwar auch dann, wenn die Fristbestimmung während Schwebens des Armenrechtsgesuchs, nämlich nach dessen Einreichung, erfolgt ist. W. 30, 41.

§ 519 ZPO.

S. 657 Anm. 12 Z. 15 von unten:

Ist, nachdem ein erstes Armenrechtsgesuch abgelehnt worden ist, **auf** ein **zweites Gesuch** das **Armenrecht** gemäß § 115 Abs. 2 in bezug **auf** einen **bestimmten Bruchteil der Kosten bewilligt** worden, so ist durch das zweite Armenrechtsgesuch **keine neue Hemmung der Nachweisfrist hinsichtlich des anderen Teiles** der erforderten Prozeßgebühr herbeigeführt; einer neuen Fristbestimmung mit Beschränkung auf diesen anderen Teil der Prozeßgebühr bedarf es nicht. W. 30, 227.

§ 519 ZPO.

S. 657 Anm. 12 Z. 9 von unten:

Wird der Beschluß über **Versagung des Armenrechts** für die Berufungsinstanz **gleichzeitig mit** der **Verfügung** über **Setzung** einer **Frist zum Nachweis** der Prozeßgebührzahlung **zugestellt,** so ist auch die Bewilligung des Armenrechts als „vor Ablauf der Nachweisfrist" beantragt anzusehen und wird **ebenfalls** der **Lauf der Frist gehemmt,** wiewohl der Lauf erst beginnt, so daß die arme Partei außer der gesetzten Frist noch 2 Wochen Zeitraum zur Beschaffung der Prozeßgebühr hat. JRHR. 30, 1769.

§ 519 ZPO.

S. 657 Anm. 12 Z. 3 von unten:

Gleiches gilt von **Armenrechtsgesuchen,** die sonst offensichtlich und bewußt unzulässig sind und **nur** zu dem Zweck eingereicht werden, **um** eine **Fristverlängerung herbeizuführen.** JW. 28, 909[27], W. 30, 119, s. auch oben über unzulässige Beschwerde.

§ 519 Abs. 6 ZPO.

S. 657 Anm. 12 a. E.:

— Wenn die ursprüngliche **Nachweisfrist mit** einem **Sonn-** oder **Feiertag abläuft,** so ist **der nach Hemmung der Frist** durch ein Armenrechtsgesuch (bis zum Ablauf von 2 Wochen seit Zustellung des das Armenrecht versagenden Beschlusses) **noch „übrige Teil der Frist"** (vgl. § 223 Abs. 1 S. 2) **nicht** nach § 222 Abs. 2 wegen jenes Sonn- oder Feiertags **um einen Tag zu verlängern,** da der Ablauf der Frist nunmehr nicht etwa zu dem ursprünglichen Zeitpunkt eintritt, sondern der ursprünglich bestimmte Ablaufstag nur noch zur Errechnung des infolge der Hemmungsvorschrift neu zu bestimmenden Ablaufstages (auf den allerdings, wenn er etwa auch auf einen Sonn- oder Feiertag fällt, § 222 Abs. 2 Anwendung findet) in Betracht kommt. RG. 131, 107, W. 30, 82.

§ 519 b ZPO.

S. 659 Anm. 5 Z. 10 von unten:

Das Kollegialgericht kann, auch wenn **bereits** eine **mündliche Verhandlung vor** dem **Einzelrichter** (§ 349) stattgefunden hat, die **Berufung ohne eigene mündliche Verhandlung durch Beschluß verwerfen** (z. B. weil sich nur die Verspätung der Berufung ergeben hat), da jene mündliche Verhandlung hinsichtlich Prüfung der Zulässigkeit der Berufung nicht als die seinige gilt. JRHR. (RG.) 30, 1264.

§ 519 b ZPO.

S. 660 Anm. 6 Z. 11 von oben:

Auch ist der Berufungskläger dadurch, daß die seine **Berufung** als unzulässig **verwerfende** Entscheidung **trotz mündlicher Verhandlung** nicht durch Urteil, sondern **durch Beschluß** ergangen ist, nicht beschwert. JW. 30, 3549[9].

§ 519 b ZPO.

S. 660 Anm. 7 Z. 11 von oben:

Danach ist, wenn **in** einer **Arrest** oder einstweilige Verfügung **betreffenden Sache** die eingelegte **Berufung** wegen Nichteinhaltung der Nachweisfrist des § 519 Abs. 6 durch Beschluß **verworfen** worden ist, die sofortige **Beschwerde** gegen den Beschluß **nicht zulässig**, und **gleiches** gilt nach §§ 238, 574 **von** der **Beschwerde gegen** einen weiteren **Beschluß**, **durch den** die **Wiedereinsetzung** gegen Versäumung der Nachweisfrist **abgelehnt** ist. JW. 30, 141[18].

§ 519 b ZPO.

S. 660 Anm. 7 a. E.:

Ist, **nachdem** die **Berufung** wegen Fristversäumung (der Berufungsfrist oder der Frist zum Nachweis der Zahlung der Prozeßgebühr) durch Beschluß als unzulässig **verworfen** war, **Wiedereinsetzung** in den vorigen Stand **gegen** die **Fristversäumung gewährt**, so ist die **gegen** den **Verwerfungsbeschluß** erhobene **sofortige Beschwerde unzulässig**, weil der Beschwerdeführer nicht mehr beschwert ist; denn durch die Wiedereinsetzung sind die Folgen der Fristversäumung und damit auch der Verwerfungsbeschluß gänzlich beseitigt und das Berufungsgericht kann, ohne durch § 577 Abs. 3 behindert zu sein, dies auch feststellen, indem es den Beschluß auch formell aufhebt oder ihn als erledigt bezeichnet. RG. 127, 287 (JW. 30, 1491[6]).

§ 521 ZPO.

S. 662 Anm. 1 a. E.:

Eine **Anschließung** des Berufungsklägers **an** die (unselbständige, s. Anm. 3 § 522) **Anschlußberufung** des Gegners ist begrifflich **ausgeschlossen.** JW. 30, 3549[9].

§ 522 ZPO.

S. 663 Anm. 1 a. E.:

Dies gilt aber nur, wenn die (erst nach Ablauf der Berufungsfrist [§ 522 Abs. 2] eingelegte) Anschlußberufung durch die Berufungsrücknahme ihre Wirkung verloren hat, ohne daß der Berufungsbeklagte einen Einfluß auf den Lauf der Dinge gehabt hat, wie wenn die Berufung vor Beginn der mündlichen Verhandlung zurückgenommen wird. **Willigt** der **Berufungsbeklagte nach Beginn der mündlichen Verhandlung in die Zurücknahme der Berufung** ein, so liegt hierin zugleich ein Verzicht auf die Durchführung der Anschlußberufung und deren Zurücknahme und ist daher auf ihn als Anschlußberufungskläger § 515 Abs. 3 entsprechend anzuwenden, so daß **er** (nicht der die Berufung zurücknehmende und die Kosten dieser Rücknahme tragende Berufungskläger) **die Kosten der Anschlußberufung zu tragen** hat, was auf Antrag auch durch Urteil auszusprechen ist. JRHR. 30, 447 (str.).

§ 529 ZPO.

S. 672 Anm. 3 Z. 1 von oben (in der Klammer) und Z. 13 von unten:

(5. ZS.; dagegen wird in W. 29, 124 7. ZS. angenommen, daß **für** die **Anwendung** des **Abs.** 3 die nachstehend genannten **Voraussetzungen des Abs.** 2 [Verzögerung, Verschleppungsabsicht usw.] **nicht erforderlich** seien, weil sonst Abs. 3 überflüssig wäre, da sein Tatbestand dann schon durch Abs. 2 gedeckt würde, was jedoch nicht zutrifft, da Abs. 3 z. B. auch neu entstandene oder zur Kenntnis gelangte Tatsachen, bei denen eine erstinstanzliche Säumnis nicht in Frage kommt, betrifft). Nach der herrschenden Meinung aber ist **auch im Falle des § 529 Abs. 3**, also bei Nichtmitteilung neuen Vorbringens in der Berufungsbegründung, die **Zurückweisung nur unter** den allgemeinen

Voraussetzungen des Abs. 2, nämlich nur dann **zulässig**, wenn die Zulassung die Erledigung des Rechtsstreites verzögern würde und wenn die Verspätung des Vorbringens entweder auf Verschleppungabsicht oder auf grober Nachlässigkeit beruht (die Ansicht, daß bei dieser Auslegung des Abs. 3 dieser überflüssig wäre, da dann dessen Tatbestand schon durch Abs. 2 gedeckt würde, übersieht, daß Abs. 2 sich auf die in erster Instanz begangene Säumnis, Abs. 3 dagegen auf die Säumnis in der Berufungsinstanz bezieht). JW. 30, 146[14].

§ 529 ZPO.

S. 672 Anm. 3 Z. 25 von oben:

oder wenn **in erster Instanz** für ein Vorbringen als Zeuge **nur die Person, von der** die Partei die **Bestätigung** ihrer Behauptung **am ehesten erwartet,** benannt worden ist, und dann die Partei **in** der **Berufungsinstanz** auch **noch eine andere Person** als Zeugen **benennt.** W. 29, 123.

§ 529 ZPO.

S. 673 Anm. 3 Z. 3 von oben:

Daß die **Nichtbenennung von Zeugen in erster Instanz** trotz richterlichen Befragens den schnelleren Abschluß der ersten Instanz zur Folge hatte, ist **für** die **Prüfung, ob** nur **für** die **zweite Instanz** eine **Verzögerung** in der Erledigung des Rechtsstreits **durch** die jetzige **Nachholung** der Zeugenbenennung vorliegt, **unerheblich.** JW. 30, 190.

§ 529 ZPO.

S. 674 Anm. 5 Z. 10 von unten:

Eine vor Anrufung der 2. Instanz getroffene **Vereinbarung, die Gegenforderung solle im gegenwärtigen Rechtsstreit** gegen die Zusage entsprechender Vollstreckungsbeschränkung **nicht geltend gemacht werden,** ergibt keinen Anhalt dafür, daß in die Aufrechnung für die Berufungsinstanz eingewilligt worden wäre. RG. 129, 55.

§ 529 Abs. 4 ZPO.

S. 675 Anm. 6 Z. 7 von unten:

Desgleichen ist auch eine **Berufung unzulässig,** die von einem Kläger, der mit einem von zwei Sachanträgen **voll obgesiegt** hat, mit dem anderen unterlegen ist, **lediglich auf** eine **Erweiterung** des ersteren zuerkannten Antrags abgestellt wird. RG. 130, 100.

§ 529 ZPO.

S. 675 Anm. 6 a. E.:

Für die **Beschwerdeinstanz** ist eine dem § 529 Abs. 4 **entsprechende Vorschrift nicht gegeben;** z. B. können im Kostenfestsetzungsverfahren zunächst nicht liquidierte erstattungsfähige Kosten in der Beschwerdeinstanz unbeschränkt nachgefordert werden. JW. 30, 1518.

§ 538 ZPO.

S. 685 Anm. 4 Z. 7 von unten:

Die **Zurückverweisung** hat auch dann zu erfolgen, wenn **in 1. Instanz** die **Einrede der örtlichen Unzuständigkeit** des Gerichts **für begründet** erklärt und deswegen der Hauptantrag der Klage abgewiesen, **zugleich** aber **über** einen **Hilfsantrag** der Klage eine **sachliche Entscheidung** erlassen worden ist und das **Berufungsgericht** zu dem Ergebnis gelangt, daß die genannte **prozeßhindernde Einrede zu verwerfen** sei, und zwar hat die Zurückverweisung im ganzen Umfange zu erfolgen, gleichviel, ob die sachliche Entscheidung der 1. Instanz über den Hilfsantrag auf Abweisung des Klägers oder auf Verurteilung des Beklagten ergangen ist, da den Parteien nach Verwerfung der prozeßhindernden Einrede nicht der Rechtszug für die sachliche Entscheidung über den ganzen Hauptantrag nur deshalb genommen sein kann, weil über den bloßen Hilfsantrag sachlich entschieden worden ist. W. 30, 147.

§ 538 ZPO.

S. 686 Anm. 5 Z. 19 von oben:

Daß aber im Fall einer solchen **erstinstanzlichen Vorabentscheidung über den Grund** des Anspruchs das Berufungsgericht zu eigener Entscheidung über den Betrag nur dann berechtigt wäre, wenn dieser im Wege der Anschlußberufung (die für den Kläger, abgesehen von dem Fall einer Klagerweiterung, überhaupt nicht in Frage kommt) oder durch sonstige Anträge nach dem Grundsatz des § 537 dem Berufungsgericht zugeführt wäre, ist aus dem Gesetz, insbesondere aus den Worten „Streit über den Betrag des Anspruchs" nicht zu entnehmen; vielmehr genügt es, daß im Rechtsstreit überhaupt der Betrag des Anspruchs streitig geworden ist. RG. 132, 104. Daher **kann das Berufungsgericht** z. B., wenn der Beklagte gegen das Grundurteil Berufung mit dem Antrag auf Klagabweisung eingelegt hat, auch ohne daß dieser sich gegen den in erster Instanz streitigen Betrag mit besonderen Anträgen gewendet hat, **durch Teilurteil die Klage insoweit abweisen, als über einen bestimmten Betrag hinaus der Anspruch geltend gemacht ist,** falls nach seiner Ansicht die Sachlage insoweit hinreichend geklärt ist, daß mehr als dieser Betrag keinesfalls verlangt werden könne. RG. 132, 105.

§ 538 ZPO.

S. 688 Anm. 5 a. E.:

Eine Widerklage ist auch in bezug auf die Vorabentscheidung über den Grund des Anspruchs (§ 304) und auf die Zurückverweisung nach Nr. 3 § 538 selbständig zu behandeln. Ist in 1. Instanz die Klage abgewiesen, dem Widerklagantrag entsprochen und **erklärt** dann das **Berufungsgericht** den **Klaganspruch** dem **Grunde nach für gerechtfertigt,** so kann es den **Rechtsstreit nur hinsichtlich der Klage zurückverweisen, nicht auch hinsichtlich der Widerklage,** da diese in 1. Instanz nicht abgewiesen ist. Wenn aber Klage und Widerklage in unlöslichem Widerspruch miteinander stehen, kann die Zurückverweisung im ganzen stattfinden. RG. 95, 39, JRHR. (RG.) 30, 657, JW. 00, 471[4].

§ 542 Abs. 2 ZPO.

S. 692 Anm. 3 letzte Zeile:

Auf **rechtliche Ausführungen** bezieht sich nicht Abs. 2; sie **gelten nicht als zugestanden.** Vielmehr hat das **Berufungsgericht,** abgesehen von solchen Ausführungen, wenn nichts Tatsächliches neu vorgebracht worden ist, **das erstinstanzliche** festgestellte Sachverhältnis (Parteivortrag, Urkunden, Zeugenaussagen, s. Anm. 2), frei **tatsächlich und rechtlich nachzuprüfen,** wie die Sachlage zu beurteilen sei. Wenn **gegenüber** Aussagen **erstinstanzlicher Zeugen Behauptungen über** ihre **Unglaubwürdigkeit** in einem rechtzeitig zugestellten Schriftsatz (s. oben) aufgestellt sind, so hat das Berufungsgericht unter Unterstellung der Richtigkeit des Behaupteten das Beweisergebnis neu zu würdigen. RG. 131, 111.

§ 545 ZPO.

S. 694 Anm. 2 Z. 8 von unten:

Über **Unzulässigkeit** auch **einer** sofortigen **Beschwerde gegen einen in** einer **Arrestsache** die **Berufung** nach § 519b Abs. 2 als unzulässig **verwerfenden Beschluß** s. § 567 Anm. 9.

§ 545 ZPO.

S. 695 Anm. 3 Z. 3 von oben:

ein **beim Ausbleiben des Berufungsbeklagten** gemäß § 542 Abs. 2 erlassenes sog. **unechtes Versäumnisurteil** auf Zurückweisung der Berufung, RG. 131, 109, § 331 Anm. 5;

§ 546 ZPO.

S. 702 Anm. 4 a. E.:

Über Bestimmung des Wertes der Beschwerdesumme, wenn es sich darum handelt, ob der Streitwert, der mit der Anschlußrevision mit zu berücksichtigen ist, wenn diese sich nur auf die Kostenlast derjenigen Partei bezog, die dann Revision in der Hauptsache eingelegt hat, und über Bestimmung des Wertes des Streitgegenstandes bei einer Klage auf Herausgabe von Sachen, wenn nur noch streitig ist, ob der Kläger dem Beklagten Zug um Zug gegen Herausgabe dieser Sache eine Geldsumme zu zahlen hat. RG. 133, 288.

§ 547 Nr. 2 ZPO.

S. 705 Anm. 6 Z. 2 **von unten:**

In RG. 130, 401 hat aber der 3. ZS. seine letztere Entscheidung aufgegeben und ausgesprochen: **nur soweit** für einen Anspruch die **Voraussetzungen des § 547 Nr. 2 gegeben** sind, reicht das **Prüfungsrecht** und die Prüfungspflicht **des Revisionsgerichts, alle sonstigen Klagebegründungen,** für die es an der Revisionssumme fehlt, **scheiden aus,** auch wenn sie mit dem bevorrechtigten Anspruch derart in Zusammenhang stehen, daß beide Tatbestände sich restlos miteinander decken und es sich letzten Endes nur um die verschiedene rechtliche Beurteilung desselben Tatbestandes handelt.

§ 547 Nr. 2 ZPO.

S. 706 Anm. 6 Z. 3 **von oben:**

Gleiches gilt, wenn die anerkannte Haftung eines **auf Schadensersatzleistung verklagten Beamten** (Notars) vom Berufungsgericht lediglich auf § 823 BGB. (unerlaubte Handlung), **nicht auf Amtspflichtverletzung** (§ 839 BGB.) **gegründet** ist. RG. 130, 405.

§ 548 ZPO.

S. 706 Anm. 2 Z. 7 **von unten:**

— Ein Beschluß, durch den das Oberlandesgericht als Berufungsgericht die **Wiedereinsetzung** in den vorigen Stand **gegen Versäumung der Berufungsfrist erteilt** und damit die Berufung zugelassen hat, unterliegt, da der Beschluß mit der Beschwerde nach § 567 Abs. 3 nicht anfechtbar ist, nach § 548 **auch nicht mit dem Urteil der Beurteilung des Revisionsgerichts.** JRHR. (RG.) 28, 1359, JW. 30, 3312[8], Anm. 3 § 238.

§ 548 ZPO.

S. 707 Anm. 2 Z. 12:

Wenn auch der **Beschluß** eines **Oberlandesgerichts,** wodurch ein **Antrag** des Beklagten **auf Aussetzung** des Verfahrens **abgelehnt** wurde, gemäß §§ 548, 567, 252 als solcher nicht der Anfechtung unterliegt, so steht dies doch, **sofern** in dem Antrag **zugleich ein sachlicher Einwand,** z. B. der der Unzulässigkeit des Rechtswegs, der auch von Amts wegen zu berücksichtigen ist, **insoweit nicht der Prüfung des Revisionsgerichts entgegen.** RG. 127, 363.

§ 549 ZPO.

S. 711 Anm. 3 Z. 10 **von unten:**

oder daß aus Sinn und Zweck des **neuen Gesetzes** (z. B. Branntweinmonopolges. v. 8./4. 22 § 182) sich ergibt, daß es **alle im Streit befangenen** einschlägigen **Ansprüche erfassen wollte,** soweit sie nicht durch rechtskräftiges Urteil erledigt waren, RG. 128, 350 nebst Nachweisen.

§ 551 ZPO.

S. 716 Anm. 2 Z. 3 **von unten:**

— Eine Kammer des Landgerichts oder ein Senat des Oberlandesgerichts sind nicht schon deswegen unvorschriftsmäßig besetzt gewesen, weil sie **über eine ihnen nach der Geschäftsverteilung nicht zugewiesene Sache entschieden** haben. JW. 30, 2981.

§ 551 Nr. 4 ZPO.

S. 717 Anm. 5 Z. 3 **von oben:**

Ist aber in den Vorinstanzen die **örtliche Zuständigkeit** des Gerichts **nicht beanstandet** worden, während **in Wirklichkeit** ein **anderes Gericht ausschließlich örtlich zuständig** war (z. B. für eine Ehesache nach § 606 Abs. 1), **und** handelt es sich **nicht** um eine **Rechts-**

streitigkeit über vermögensrechtliche Ansprüche (s. oben Ehesache), so kann der Beklagte, weil keine verzichtbare prozeßhindernde Einrede und kein vermögensrechtlicher Anspruch in Frage steht, mithin § 274 Abs. 3 Anwendung findet und § 528 nicht entgegensteht, die **Rüge der Verletzung des § 551 Nr. 4** auch dann noch **erheben,** wenn er in den Vorinstanzen gegen die Zuständigkeit des angerufenen Gerichts nichts eingewendet hat. RG. 130, 54. Wird dann **vom Revisionsgericht** die **Rüge für begründet erachtet,** so sind die **Vorderurteile aufzuheben,** und zugleich ist gemäß § 565 Abs. 3 Nr. 2 die **Klage** wegen Unzuständigkeit des angerufenen Gerichts **abzuweisen;** eine Verweisung an das zuständige Gericht, wie nach § 276, ist hier nicht vorgesehen. RG. 130, 55.

§ 554 ZPO.

S. 723 **Anm.** 4 **a. E. Z.** 2 **von unten:**

Über **Berechnung der Verlängerungsfrist, wenn** die **Revisionsbegründungsfrist** an einem **Sonn- oder Feiertag abläuft,** s. § 222 Anm. 3 a. E.

§ 554 ZPO.

S. 724 **Anm.** 5 **Z.** 15 **von unten:**

Deshalb wird das **Berufungsurteil, soweit** es nach unbeschränkt eingelegter Revision **durch** die **schriftlichen Revisionsanträge zunächst nicht angefochten** worden ist, noch nicht rechtskräftig, mag auch die Revisionsbegründungsfrist abgelaufen sein (s. Anm. 12); dies hat z. B. zur Folge, daß, wenn auch in der mündlichen Verhandlung die Revisionsanträge nicht zulässig (s. vorstehend) erweitert werden, der **Revisionsbeklagte** gemäß § 560 **beantragen kann,** das etwa nicht oder nicht unbedingt vorläufig vollstreckbare **Urteil, soweit es nicht angefochten** ist, **für** (unbedingt) **vollstreckbar zu erklären.** RG. 130, 230.

§ 554 Abs. 3 ZPO.

S. 725 **Anm.** 8 **Z.** 9:

Eine Rüge, daß eine **Bezugnahme auf andere Akten bei Darstellung des Tatbestandes** (§ 313 Abs. 2) **nicht erkennen lasse, welche Bestandteile** der Akten Gegenstand der mündlichen Verhandlung gewesen seien (s. § 313 Anm. 8), kann nur dann zur Aufhebung des Urteils führen, wenn sie in Beziehung zu einem bestimmten Prozeßvorgang gesetzt, insbesondere die prozeßwidrige Erledigung oder Übergehung von Beweisanträgen gerügt oder Ungewißheit über das Parteivorbringen geltend gemacht wird. RG. 131, 119.

§ 554 ZPO.

S. 726 **Anm.** 7 **a. E.:**

Sind, nachdem gegen mehrere Beklagte als Gesamtschuldner auf Zahlung einer Summe geklagt war, in der Berufungsinstanz ein **Teilurteil zugunsten des einen Beklagten** und **später ein Schlußurteil zugunsten des anderen Beklagten** erlassen, und hat der abgewiesene **Kläger** gegen beide auch zu verschiedenen Zeiten zugestellte Urteile zwei **gesonderte Revisionen** mit demselben Streitgegenstand eingelegt, so muß der Kläger **für jede Revision die Prozeßgebühr** nach dem genannten Streitgegenstand besonders entrichten, auch wenn in der Revisionsinstanz dann beide Revisionsverfahren miteinander verbunden werden. JRHR. (RG.) 30, 1767.

§ 554 ZPO.

S. 726 **Anm.** 8 **a. E.:**

Gleiches gilt von der Frage der Tragweite der Rechtskraft eines früheren Urteils sowie von der **Frage, inwieweit** das **Gericht an** die **Entscheidung in einem früheren Verfahren,** in dem eine Nebenintervention oder Streitverkündung stattgefunden hat, nach §§ 66, 68, 72, 74 in dem später nachfolgenden Verfahren **gebunden** ist. RG. 130, 298.

§ 554 ZPO.

S. 726 **Anm.** 8 **a. E.:**

Die rechtlich **falsche Beurteilung verfahrensrechtlicher Vorgänge** (z. B. daß ein Urteil nach Lage der Akten gemäß § 331a in erster Instanz verfahrensrechtlich einwandfrei erlassen sei, Verurteilung nach dem Klagantrag mit Feststellung des Nichtbestehens der zur Aufrechnung gestellten Gegenforderung ohne ein Eingehen darauf, ob der in erster Linie geltend gemachte Einwand der Unzulässigkeit der Aufrechnung gerechtfertigt ist) **begründet** einen **inhaltlichen Mangel der Entscheidung**, auf den § 554 Abs. 3 Nr. 2b keine Anwendung findet, so daß ein solcher **Verstoß nicht** gemäß dieser Vorschrift **gerügt zu werden braucht.** RG. 79, 81, 132, 307, 335, JW. 10, 28[4], 12, 469[15].

§ 559 ZPO.

S. 736 Anm. 3 Z. 10 von oben:

, und **ob** das **Berufungsgericht** bei der freien Aufwertung **die gesunkene Kaufkraft** der Reichsmark **mit Recht unberücksichtigt gelassen** hat, RG. 129, 209.

§ 559 ZPO.

S. 736 Anm. 3 Z. 10 von oben:

Ob ein **Fehler**, mit dem ein Kaufgegenstand behaftet ist, ein **unerheblicher** im Sinne des § 459 Abs. 1 S. 2 BGB. ist, ist zwar in erster Reihe Tatfrage, jedoch insoweit eine der **Nachprüfung in** der **Revisionsinstanz zugängliche** Rechtsfrage, als die Geringfügigkeit des Mangels nach bestimmten Rechtsgrundsätzen beurteilt werden muß. RG. 131, 351.

§ 560 ZPO.

S. 737 Anm. 1 a. E.:

— § 560 trifft auch den Fall, daß nach unbeschränkt eingelegter Revision das Berufungsurteil **durch** die **schriftlichen Revisionsanträge nur zum Teil angefochten** wird. Es können dann zwar in der mündlichen Verhandlung die Anträge in gewissen Grenzen (s. hierüber § 554 Anm. 5) noch erweitert werden. Geschieht dies aber nicht, so kann der **Revisionsbeklagte** hinsichtlich des nicht angefochtenen Teils des Berufungsurteils **Antrag nach** § 560 stellen. RG. 130, 230. Dagegen trifft § 560 **nicht** zu, wenn der zum Teil verurteilte Beklagte nicht, sondern **nur der zum** anderen **Teil abgewiesene** Kläger **Revision** eingelegt hat **und letzterer begehrt**, daß das **Berufungsurteil**, soweit es den Beklagten verurteile, **für** (unbedingt) vorläufig **vollstreckbar erklärt werde**; Kläger und Revisionskläger muß abwarten, bis die Verurteilung des Beklagten (mangels Revision oder Anschlußrevision) rechtskräftig wird, wodurch sich dann sein Begehren auch von selbst erledigt, da ein rechtskräftiges Urteil nicht mehr für vorläufig vollstreckbar erklärt werden kann. RG. 130, 229.

§ 561 ZPO.

S. 730 Anm. 4 Z. 3 von oben:

So sind **nicht zu berücksichtigen** erst nach Erlassung des Berufungsurteils erfolgte: **außergerichtliche Vergleiche**, W. 23/24, 26; **Veräußerungen der in Streit befangenen Sachen**, W. 30, 145; **Abtretungen der Klage-** oder Widerklageansprüche, W. 30, 145.

§ 561 ZPO.

S. 730 Anm. 4 a. E.:

Ist vom Berufungsgericht die **Wiedereinsetzung** gegen Versäumung der Berufungsfrist deswegen **verworfen, weil** das **Armutszeugnis**, auf das sich der Gesuchsteller stützte, **ergebe, daß** dem Gesuchsteller **Mittel zur Einlegung der Berufung zur Verfügung** gestanden hätten und er daher die Entscheidung über das Armenrechtsgesuch nicht habe abwarten brauchen, so ist das **Revisionsgericht** auf die Revision hiergegen befugt, **nachzuprüfen, ob** die **Armut** des Gesuchstellers **mit Recht verneint** worden ist, da es sich hierbei nicht um eine tatsächliche Feststellung über Parteibehauptungen handelt, sondern um die Verneinung einer **Voraussetzung für die Wiedereinsetzung** und damit für die von Amts wegen zu prüfende Zulässigkeit der Berufung. JRHR. (RG.) 30, 1154.

§ 561 ZPO.

S. 738 Anm. 4 Z. 5 von unten:

So können **nicht berücksichtigt** werden folgende nach Erlaß des Berufungsurteils eingetretene Tatsachen: die **Eröffnung des Konkursverfahrens** über das Vermögen einer

Partei, auch wenn die Konkurseröffnung materiell-rechtlichen Einfluß auf das zwischen den Parteien bestehende Streitverhältnis hat, JW. 30, 1494[8]; in einem Rechtsstreit gegen den Konkursverwalter, der gegenüber dem Kläger eine von diesem geltend gemachte Hypothek angefochten und mit Widerklage Verzicht auf die Hypothek verlangt hat, die **Aufhebung des Konkursverfahrens zufolge Abschlusses eines Zwangsvergleichs**, auch wenn nunmehr in der Revisionsinstanz der Gemeinschuldner an Stelle des Konkursverwalters in den Rechtsstreit eintritt, JW. 30, 1493[8].

§ 561 ZPO.

S. 738 Anm. 4 Z. 5 von unten:

So ist, wenn der **Gemeinschuldner** während des Konkursverfahrens **gegen** den **Konkursverwalter und Mitglieder der Gläubigerversammlung**, weil sie durch unerlaubte Handlung die Konkursmasse verringert hätten, **auf Schadensersatz geklagt** hat, in der Revisionsinstanz **nicht** die Tatsache **zu berücksichtigen, daß nach Erlaß des Berufungsurteils** das **Konkursverfahren aufgehoben** worden ist. W. 30, 79.

§ 561 ZPO.

S. 738 Anm. 4 Z. 5 von unten:

So kann, wenn der **Konkursverwalter** auf Grund Anfechtung nach § 30 KO. **ein einem Gläubiger** des Gemeinschuldners **ungünstiges Urteil erstritten** hat, die **nach Verkündung** des Berufungsurteils infolge geschlossenen Zwangsvergleichs erfolgte **Aufhebung des Konkursverfahrens**, mag auch nun der Gemeinschuldner in den Rechtsstreit eingetreten sein, **in der Revisionsinstanz nicht berücksichtigt** werden, wiewohl infolge dieser Nichtberücksichtigung die Entscheidung des Revisionsgerichts nicht mit der veränderten Rechtslage in Einklang steht. RG. 128, 66 nebst Nachweisen.

§ 565 ZPO.

S. 744 Anm. 4 Z. 17 von oben:

Der Begriff der vom Revisionsgericht „**der Aufhebung zugrunde gelegten rechtlichen Beurteilung**" ist aber **nur auf** diejenige **rechtliche Würdigung zu beziehen, welche** die **Beurteilung** seitens des Berufungsgerichts **mißbilligt** und daher die Aufhebung des Berufungsurteils unmittelbar herbeigeführt hat; dagegen betrifft die **Bindung nicht** auch solche Punkte, hinsichtlich deren im Revisionsurteil **Angriffe der Revision zurückgewiesen** wurden oder ausgesprochen wurde, daß die Entscheidung des Berufungsgerichts **keinen Rechtsirrtum erkennen lasse.** W. 30, 23.

§ 567 ZPO.

S. 750 Anm. 6 Z. 10 von oben:

Die Zurückweisung eines das Verfahren betreffenden Gesuchs begründet dann **kein Beschwerderecht, wenn** die beantragte **Maßregel** eine solche ist, **über die** das Gericht **von Amts wegen nach freiem Ermessen** zu befinden hat. JW. 30, 3332.

§ 567 ZPO.

S. 751 Anm. 6 Z. 3 von unten:

Aber eine **zurückgenommene Beschwerde** kann **grundsätzlich erneut** erhoben werden. **Anders** verhält es sich jedoch, **wenn** die Zurücknahme auf einer **Vereinbarung der Beteiligten** beruht oder ihr entspricht. Dann kann die erneute Beschwerde wegen arglistigen Verhaltens ohne weiteres zurückgewiesen werden (str.). JW. 30, 3866.

§ 568 Abs. 3 ZPO.

S. 754 Anm. 6 Z. 12 von unten;

so auch Entscheidungen in betreff der Vergütung des Zwangsverwalters, JW. 29, 1676, oder eines Zustellungsvertreters, JW. 29, 2000.

§ 571 ZPO.

S. 758 Anm. 3:

Wo eine **Beschwerde gesetzlich überhaupt nicht gegeben** (z. B. gegen einen oberlandesgerichtlichen Beschluß, der nicht die Unzulässigkeit der Berufung betrifft [§ 567 Abs. 3]) ist, ist eine **Verpflichtung zur Weitergabe der Beschwerde** an das Beschwerdegericht **nicht** begründet. RG. 130, 348.

§ 577 ZPO.

S. 762 Anm. 1 a. E.:

— Eine **Anschlußbeschwerde des Gegners** des Beschwerdeführers, die nur in Betracht kommt, wenn es sich um Anschluß an die an eine Frist gebundene sofortige Beschwerde handelt, da die einfache Beschwerde jederzeit von beiden Parteien erhoben werden kann, sowie wenn die etwa für den Gegner laufende Frist zur Einlegung der sofortigen Beschwerde versäumt ist, **ist nicht zulässig**; für eine entsprechende Anwendung der für die Berufungs- und die Revisionsanschließung gegebenen Vorschriften bietet sich kein Anhalt und besteht auch kein praktisches Bedürfnis (str.). JW. 30, 561.

§ 577 ZPO.

S. 763 Anm. 11 a. E.:

Allgemein **zulässig** ist die **nachträgliche Berichtigung** offenbarer Unrichtigkeiten im Sinne des § 319 (z. B. auch eines verkündeten Zuschlagsbeschlusses [§ 89 ZVG.]). RG. 129, 161.

§ 580 ZPO.

S. 768 Anm. 1 a. E.:

— Den Fällen der Nr. 1—5 ist gemeinsam, daß das anzufechtende Urteil durch eine strafbare Handlung herbeigeführt ist, ein ursächlicher Zusammenhang zwischen beiden besteht, daß also die strafbare Handlung eine unzutreffende oder ungerechte Entscheidung verursacht hat. Während die **Nichtigkeitsgründe des § 579** und die **Restitutionsgründe des § 580 Nr. 4 und 5** eine **Durchbrechung der Rechtskraft** dann **zu ermöglichen bezwecken,** wenn sich der Wiederaufnahmekläger nur über eine Beeinträchtigung seiner prozessualen Rechte oder über einen Fehler des Verfahrens beschweren zu können glaubt, ist es der ausgesprochene **Zweck der anderen,** auf das Sachverhältnis bezüglichen **Restitutionsgründe,** eine bestimmte **Berichtigung des Sachverhältnisses,** das der Richter seiner Entscheidung zugrunde gelegt hat, möglich zu machen. In dieser Hinsicht unterscheiden sich die Fälle der Nr. 6 und 7a und b von den Fällen der Nr. 1—3 wieder dadurch, daß sie unter bestimmten Voraussetzungen neues Vorbringen gestatten, während in den Fällen der Nr. 1—3 die eingetretene Rechtskraft nicht hindern soll, dem vom Tatrichter bereits gewürdigten Sachverhältnis eine bestimmte Ergänzung oder Berichtigung zuteil werden zu lassen. In den Fällen der Nr. 1—5 ist es notwendige Folge der strafbaren Handlung, daß das auf ihr beruhende Urteil nicht aufrechterhalten werden kann. RG. 130, 387.

§ 580 Nr. 2 ZPO.

S. 769 Anm. 5 a. E.:

S. Anm. 1 a. E. Deshalb kann **gegen** einen **rechtskräftigen Vollstreckungsbefehl** die **Restitutionsklage nicht darauf gestützt** werden, **daß** eine **Urkunde** (z. B. Bürgschaftsurkunde), auf die sich der im Mahnverfahren geltend gemachte Anspruch gegen den Wiederaufnahmekläger gründet, **gefälscht** sei; denn der Zahlungsbefehl wird ohne Rücksicht darauf, ob die Urkunde beigefügt und ob sie in dem Gesuch um seine Erlassung überhaupt auch nur erwähnt ist, lediglich auf Grund des im Gesuch enthaltenen Vorbringens nach Prüfung dessen Schlüssigkeit erlassen, für ein Beweiserbieten oder gar eine Beweisaufnahme ist im Mahnverfahren kein Raum und die Behauptungen des Gläubigers werden ohne Prüfung, ob dafür ausreichende oder zulässige Beweismittel oder echte Beweisurkunden zu Gebote stehen, als richtig unterstellt, so daß die dem Anspruch zugrunde liegende, angeblich gefälschte Urkunde für die Erlassung des Vollstreckungsbefehls nicht entscheidend und einflußlos ist. RG. 130, 389.

§ 580 ZPO.

S. 771 Anm. 10 a. E.:

Wenn aber in einem Ehescheidungsprozeß, nachdem auf Klage des einen Ehegatten rechtskräftig die Ehe geschieden und der andere Ehegatte für den allein schuldigen Teil erklärt worden ist, von diesem Ehegatten eine **Urkunde aufgefunden** wird, **aus der** sich ein **bisher unbekannter Scheidungsgrund** gegen den erstgenannten Ehegatten **ergibt**, so kann er **mit der Restitutionsklage diesen Scheidungsgrund neu geltend machen**. JRHR. 30, 2111.

§ 584 Abs. 2 ZPO.

S. 774 Anm. 4:

— Aus Abs. 2 ergibt sich also, daß **auch Vollstreckungsbefehle**, die nicht mehr anfechtbar sind, allgemein **der Wiederaufnahme** des Verfahrens **unterliegen**, obwohl sie an sich nur in Ansehung des Einspruchs den Endurteilen gleichstehen. S. **aber** über **Einschränkungen der Zulässigkeit** dieses Verfahrens, die sich aus der Natur des Mahnverfahrens ergeben, § 580 Anm. 5.

§ 590 ZPO.

S. 778 Anm. 5 a. E.:

— **Die beiden ersten Abschnitte des Wiederaufnahmeverfahrens** (Prüfung der Zulässigkeit der Wiederaufnahmeklage und Prüfung, ob der Wiederaufnahmegrund vorliegt, s. oben) **werden notwendigerweise im ordentlichen Verfahren verhandelt**. **Dagegen für** den **dritten Abschnitt** (Verhandlung und Entscheidung in der Hauptsache s. oben) gilt die **Verfahrensart des wiederaufgenommenen Rechtsstreits** (z. B. auch wenn dieser ein Wechselprozeß war). JW. 30, 2996.

§ 592 ZPO.

S. 781 Anm. 5 a. E.:

— Enthält ein **Klagewechsel** eine **Durchstreichung**, so ist vom Gericht **zunächst** nach § 419 der **urkundliche Tatbestand frei zu würdigen**, und zwar in dem Sinne, daß nicht ohne weiteres das Durchstrichene als nicht geschrieben zu gelten hätte; die Beweislast des Klägers kommt erst zum Zuge, wenn das Gericht bei Prüfung der Sachlage einen Beweis nach der Richtung für erforderlich hält, welche urkundliche Erklärung als abgegeben zu gelten habe (z. B. ob aus der Durchstreichung eines vollen Übertretungsvermerks bei Bestehenlassen der Unterschrift sich ein den Kläger legitimierendes Blankoindossament regele). RG. 129, 167.

§ 600 ZPO.

S. 787 Anm. 1 Z. 8 von oben:

Einwendungen (s. unten) **gegen** das für vorläufig vollstreckbar erklärte **Vorbehaltsurteil** sind **im Nachverfahren geltend zu machen**, nicht durch Vollstreckungsgegenklage nach § 767; **erst gegen das im Nachverfahren ergangene Urteil** findet **Vollstreckungsgegenklage** gegebenenfalls statt, und zwar nach § 767 Abs. 2 **nur wegen** solcher **Einwendungen**, **die** erst **nach** dem Schluß der mündlichen Verhandlung im **Nachverfahren entstanden** sind. JRHR. 30, 454, auch RG. 45, 432, OLG. 37, 165, 42, 34.

§ 606 ZPO.

S. 794 Anm. 1 a. E.:

— **Keine Ehesache** (Rechtsstreit, der die Scheidung, Nichtigkeit oder Anfechtung der Ehe zum Gegenstande hat) ist eine **einstweilige Verfügung**, die **nach** § 627 während eines solchen Rechtsstreits für dessen Dauer erlassen wird, auch nicht, wenn sie das Getrenntleben der Ehegatten betrifft. Daher finden auf die einstweilige Verfügung **die für Ehesachen geltenden Sonderbestimmungen keine Anwendung**, so z. B. nicht die Bestimmung des § 618 Abs. 5, wonach ein Versäumnisurteil gegen den Beklagten unzulässig ist. JW. 30, 280.

§ 606 Abs. 2 Satz 2 ZPO.

S. 795 Anm. 7 Z. 4 hinter „war":

(oder wenigstens in der Zeit **zwischen Eheschließung und Klagerhebung** die **deutsche Staatsangehörigkeit zeitweilig besessen** hatte, RG. 127, 196).

§ 606 Abs. 2 Satz 2 ZPO.

S. 795 Anm. 7 Z. 7:

(Dies gilt jedoch **nur für die Klage auf Scheidung** der Ehe; s. dagegen Anm. 9 darüber, daß, wenn der Ehemann nicht Reichsangehöriger war, auf die **Nichtigkeits- und** die **Anfechtungsklage Abs. 3 Satz 1 Anwendung** findet.)

§ 606 Abs. 2 Satz 2 ZPO.

S. 795 Anm. 7 Z. 7 von oben:

Voraussetzung für die Anwendung des Abs. 2 Satz 2 ist also, daß **der Ehemann zur Zeit der Eheschließung Deutscher war** oder wenigstens in der Zeit zwischen Eheschließung und Klagerhebung die deutsche Staatsangehörigkeit zeitweilig besessen hatte (hatte er z. B. vor der Eheschließung die deutsche Staatsangehörigkeit verloren und keine andere Staatsangehörigkeit erworben gehabt, hat er auch später die deutsche Staatsangehörigkeit nicht wiedererlangt, so ist Abs. 2 Satz 2 unanwendbar). JW. 30, 1868[6].

§ 606 Abs. 2 Satz 2 ZPO.

S. 796 Anm. 9 Z. 1:

Auch wenn die **Ehefrau** mit einem Manne, der die Reichsangehörigkeit (z. B. durch zehnjährigen Aufenthalt im Ausland) verloren und keine andere Staatsangehörigkeit erworben hatte, die Ehe geschlossen und dadurch ihre **deutsche Staatsangehörigkeit verloren** hatte **und selbst staatenlos geworden** war, kann sie, sofern sie **demnächst** die **deutsche Staatsangehörigkeit** (z. B. durch Einbürgerung) **wiedererlangt** hat, die **Nichtigkeits-** oder die **Anfechtungsklage** in dem Gerichtsstand des Abs. 3 Satz 1 **erheben** (Gegensatz zu Abs. 4, s. dazu Anm. 10). RG. 127, 195.

§ 606 ZPO.

S. 796 Anm. 9 Z. 1 von oben:

Es ist also **für Eheanfechtungs- und Ehenichtigkeitsklagen aller Ehefrauen, die** ihre **bisherige deutsche Staatsangehörigkeit durch die Eheschließung** (z. B. mit einem Staatenlosen, der seine deutsche Staatsangehörigkeit verloren und keine andere Staatsangehörigkeit erworben hatte) **verloren** haben, mögen sie nun eine andere Staatsangehörigkeit erworben haben oder staatenlos geworden sein, die **Zuständigkeit des deutschen Gerichts** nach Maßgabe des Abs. 3 Satz 1 **gegeben.** JW. 30, 1868[6].

§ 606 ZPO.

S. 797 Anm. 13 a. E.:

— **Klagt** eine in Dänemark lebende Ehefrau bei einem deutschen Gericht gegen ihren in Deutschland am Orte des Gerichts lebenden amerikanischen Ehemann, so ist hinsichtlich der Frage der Zuständigkeit des deutschen Gerichts nicht ausreichend die negative Feststellung, daß das amerikanische Recht ausländische Gerichte nicht ausschließe, vielmehr ist außerdem zu entscheiden, ob nach amerikanischem Recht das Gericht des Wohnsitzes des Ehemannes, des Beklagten, für die Scheidungsklage zuständig ist oder das Gericht des Wohnsitzes der klagenden Partei, und ferner, ob der Ehemann am Orte des Gerichts seinen Wohnsitz gehabt hat, sowie, wenn nach amerikanischem Recht der Wohnsitz der klagenden Partei maßgebend ist, ob etwa die Ehefrau am Orte des Gerichts einen vom Wohnsitz des Ehemannes abgeleiteten Wohnsitz hatte. JW. 30, 1309[11]. Nach den Gesetzen der Tschechoslowakei sind die deutschen Gerichte zur Ehescheidung von tschechoslowakischen Staatsangehörigen nicht zuständig. JW. 30, 1879, 1882. Gleiches gilt nach den Gesetzen in Frankreich für die Scheidung von französischen Staatsangehörigen. JW. 30, 1883.

§ 612 ZPO.

S. 800 Anm. 4 a. E.:

Über **Vertretung des Beklagten, gegen den** in einem Ehescheidungsstreit die **Klage auf** § 1569 BGB. (Geisteskrankheit) gestützt ist, **durch einen** nach § 1910 Abs. 2 BGB. bestellten **Pfleger, dessen Bestellung dann** im Laufe des Rechtsstreits **wieder aufgehoben** worden ist, s. § 53 Anm. 1 a. E.

§ 614 ZPO.

S. 803 Anm. 1 Abs. 1 Z. 20 von oben:

Das **nach Zurücknahme der Klage in der Rechtsmittelinstanz** auf Antrag zu erlassende **Urteil** deklaratorischer Natur **auf Aufhebung des vorinstanzlichen Scheidungsurteils** rechtfertigt sich damit, daß jeder mögliche Zweifel an dem Fortbestand der Ehe zu beseitigen ist, und die Auferlegung der Kosten an den zurücknehmenden Kläger trotz des Erfolgs des Rechtsmittels rechtfertigt sich damit, daß das Rechtsmittel nur dazu benutzt ist, um die Fortdauer des Prozesses herbeizuführen und sich so die Möglichkeit einer Erklärung, die bereits in erster Instanz hätte erfolgen können, zu verschaffen. W. 30, 80.

§ 615 ZPO.

S. 808 Anm. 5 letzte Zeile:

Dies hat auch dann zu gelten, wenn **in der Ehesache** die Entscheidungen nicht in einem einzigen Urteil zusammengefaßt sind, sondern **zunächst über die Klage durch kontradiktorisches Urteil** und **später über die Widerklage durch Versäumnisurteil** entschieden worden ist. JW. 30, 2995.

§ 616 ZPO.

S. 810 Anm. 4 Z. 5 von unten:

Der **Geltendmachung einer persönlichen Eigenschaft als Eheanfechtungsgrund** kann beim Vorliegen des Umstandes, daß der Kläger von Tatsachen hinsichtlich dieser Eigenschaft **schon während** eines **früheren Eheprozesses Kenntnis** gehabt hatte, **nur** dann, **wenn neue Dinge hinzugekommen sind, die** an sich die Anfechtung rechtfertigen könnten und **schwerwiegender sind** als die früher bekannten Tatsachen, die Ausschlußwirkung des § 616 nicht entgegenstehen. RG. 128, 74.

§ 617 ZPO.

S. 813 Anm. 3:

Das **Gericht kann aber** die **Verweigerung der erforderten Erklärung über** eine **behauptete Tatsache** nach § 286 auf ihre Beweisbedeutung **frei würdigen** und dabei sogar zu dem Ergebnis gelangen, daß die Tatsache (z. B. Ehebruch) wahr sei. W. 29, 125.

§ 617 ZPO.

S. 813 Anm. 8 Z. 7 von oben:

Dagegen ist die **Eideszuschiebung** des auf Scheidung wegen böslicher Verlassung Beklagten **über eine Tatsache, wodurch** weder eine Widerklage auf Scheidung begründet noch ein Recht, die Herstellung des ehelichen Lebens zu verweigern, dargetan (s. Anm. 10), sondern der **Beweis der mangelnden böslichen Absicht geführt werden soll, zulässig,** da die Tatsache der Aufrechterhaltung der Ehe dient. W. 29, 112.

§ 617 ZPO.

S. 814 Anm. 10 Z. 14 von oben:

Nichtig ist auch ein **Unterhaltsvertrag zwischen Eheleuten, der** die Geltendmachung eines zur Irreführung des Gerichts fingierten Scheidungsgrundes und dadurch nicht bloß die Beschleunigung des Scheidungsprozesses, sondern die **Erleichterung der Scheidung bezweckt,** selbst wenn gegen den aus dem Unterhaltsvertrage berechtigten Ehegatten der fingierte Scheidungsgrund aufgestellt werden und dieser Ehegatte sogar den gegen den anderen Ehegatten geltend gemachten wirklichen Scheidungsgrund fallen lassen sollte. W. 29, 111.

§ 617 ZPO.

S. 813 Anm. 5 a. E.:

— Aus der Unzulässigkeit des Verzichts der Parteien auf Zeugenbeeidigung ist zu entnehmen, daß **§ 377 Abs. 4** (bei Einverständnis der Parteien nur schriftliche Aussage unter eidesstattlicher Versicherung) **in Ehesachen nicht anwendbar** ist. RG. 130, 9, Anm. 13 § 377.

§ 617 ZPO.

S. 814 Anm. 11 a. E.:

Ein **(rechtsgültiger) Vergleich** ist auch eine **Vereinbarung** der Parteien, die die **Aussöhnung der Ehegatten** und die Aufrechterhaltung der Ehe **zum Gegenstand** hat, so daß der dabei mitwirkende Rechtsanwalt die Vergleichsgebühr (§ 13 RAGebO.) verlangen kann. JW. 30, 3000.

§ 625 ZPO.

S. 821 Anm. 3 Z. 8 von unten:

Die **Rechtsmittelfrist** läuft **für jeden Ehegatten besonders von der an ihn von Amts wegen bewirkten Zustellung** des Scheidungsurteils ab, **wenngleich** das von dem einen Ehegatten eingelegte **Rechtsmittel** das Urteil als Ganzes angreift und seine **Rechtskraft im ganzen hemmt.** RG. 7, 364, JW. 30, 1482⁷, Anm. 6 § 221.

§ 627 ZPO.

S. 824 Anm. 5 Z. 6 von oben:

Es kann aber der Erlaß einer **einstweiligen Verfügung auf Vorschußleistung des Ehemannes nicht** deswegen **abgelehnt** werden, **weil** die **Ehefrau** für sich das **Armenrecht erwirken könnte,** da die Nachsuchung des Armenrechts in freier Entschließung der Ehefrau bleiben muß, es sei denn, daß der Ehemann erweislich selbst vermögenslos ist, mithin die einstweilige Verfügung **zwecklos** wäre, was in der Regel anzunehmen sein wird, wenn dem Ehemann bereits das Armenrecht bewilligt ist (a. M. JW. 30, 730).

§ 627 ZPO.

S. 827 Anm. 9 a. E.:

— Der **Streitwert** einer **einstweiligen Verfügung, bei der mehrere Regelungen,** wie Gestattung des Getrenntlebens, Übertragung des Sorgerechts, Gewährung von Unterhalt für Frau und Kind, erfolgen, ist **nicht einheitlich,** sondern für jede Regelung gesondert **zu bemessen.** JW. 30, 197 (a. M. JW. 29, 144).

§ 628 ZPO.

S. 828 Anm. 3 a. E.:

Das **auf** die **Wiederaufnahmeklage** in solchem Falle **ergehende Urteil** hat **nur** den **Ausspruch über** die **Erledigung der Hauptsache,** dessen Erklärung auch lediglich in den Entscheidungsgründen genügt, **und eine Entscheidung über die Kosten** zu enthalten. Die rechtskräftige Sachentscheidung ist nicht abzuändern, gleichviel ob der Wiederaufnahmekläger oder sein Gegner, der Erbe des verstorbenen Ehegatten, bei der Kostenentscheidung obsiegt; lautete z. B. das frühere rechtskräftige Urteil auf Scheidung, so bleibt die Ehe geschieden, so daß, wenn der gestorbene Ehegatte inzwischen wieder geheiratet hatte, diese zweite Ehe in keinem Falle nach § 1326 BGB. ins Wanken gebracht werden kann. JW. 30, 1001¹⁷ (2534²).

§ 631 ZPO.

S. 829 Anm. 1 a. E.:

Die **Nichtigkeit** einer nach den §§ 1325—1328 BGB. nichtigen Ehe kann nach § 1329 BGB., solange nicht die Ehe für nichtig erklärt oder aufgelöst ist, **nur im Wege der Nichtigkeitsklage geltend gemacht** werden; das **bedeutet,** daß eine dem äußeren Anschein nach zu Recht bestehende Ehe so lange als gültig zu behandeln ist, bis ihre Nichtigkeit durch Klage im besonderen Verfahren mit Erfolg geltend gemacht worden ist. RG. 132, 419.

§ 644 ZPO.

S. 836 Anm. 2 a. E.:

— Aus der dem Kinde durch das Gesetz in einer Reihe von Einzelfällen eingeräumten Rechtsstellung und seinen daraus sich ergebenden Beziehungen zu dem außerehelichen Erzeuger ist zu folgern, daß das **uneheliche Kind neben der Leistungsklage auf Zahlung von Unterhalt gegen** seinen außerehelichen **Erzeuger Klage auf Feststellung der** außerehelichen **Vaterschaft** erheben kann, und zwar ohne daß es des Nachweises eines besonderen, in den Verhältnissen des Einzelfalls begründeten Interesses bedarf. JW. 30, 1016.

§ 645 ZPO.

S. 837 Anm. 3 a. E.:

— Das **amtsgerichtliche Entmündigungsverfahren** ist **auch den allgemeinen Verfahrensgrundsätzen der ZPO. unterworfen**, insbesondere finden darauf die allgemeinen Vorschriften des ersten Buches Anwendung. Die Beteiligten: Antragsteller, Staatsanwalt und zu Entmündigender nehmen dabei eine parteiähnliche Stellung ein. JW. 30, 1113.

§ 650 ZPO.

S. 840 Anm. 1 Z. 6 von unten:

Voraussetzung für die Überweisung ist: es muß bereits genügendes Material dafür vorliegen, daß **erhebliche Zweifel an der Geisteskrankheit** des zu Entmündigenden bestehen, die der entscheidende Richter nur auf Grund persönlichen Eindrucks beheben kann. W. 30, 42.

§ 668 ZPO.

S. 850 Anm. 3 a. E.:

Über die **Frage, ob** der für die Anfechtungsklage des Entmündigten **beigeordnete Anwalt**, wenn seine Partei die Prozeßkosten nicht bezahlen kann und auch ein eingereichtes Armenrechtsgesuch wegen Aussichtslosigkeit der Rechtsverfolgung abgelehnt wird, die **Vertretung der Partei niederlegen kann** oder ob er zu weiterer Tätigkeit verpflichtet bleibt, aber dafür seine Gebühren, wenn er die Unfähigkeit seiner Partei zu deren Bezahlung nachweist, aus der Staatskasse wie ein Armenanwalt (Anm. 5a § 115) erstattet verlangen kann, s. JW. 30, 3356.

§ 679 ZPO.

S. 855 Anm. 3 Z. 6 von unten in der Klammer:

; a. M. in dieser Hinsicht JW. 30, 2994, wo zwar anerkannt ist, daß dem Entmündigten die Prozeßfähigkeit für das Beiordnungsverfahren beigelegt ist, aber aus der materiellrechtlichen Wirkung der bisherigen (§ 661) Entmündigung, daß der Entmündigte geschäftsunfähig ist, gefolgert wird, daß der **Entmündigte nicht einen Rechtsanwalt mit Einlegung der Beschwerde gegen** die **Ablehnung des Gesuchs um Beiordnung** eines Anwalts für die Klage auf Wiederaufhebung der Entmündigung **beauftragen kann.**

§ 680 Abs. 4 ZPO.

S. 857 Anm. 4 a. E.:

Nach § 1 AusfVO. v. 17. April 1924 zur VO. über die Fürsorgepflicht v. 13. Februar 1924 ist antragsberechtigt der **Kreis als Bezirksfürsorgeverband**, **nicht** die Gemeinde, selbst wenn auf Grund des § 15 AusfV. eine Delegation der Fürsorgeaufgaben auf die Gemeinde erfolgt ist. JW. 29, 2372.

§ 693 ZPO.

S. 864 Anm. 3 a. E.:

— **Wird nach Zustellung des Zahlungsbefehls** der **Konkurs** über das Vermögen des Schuldners eröffnet, so tritt die **Wirkung** der **Unterbrechung der Verjährung** schon mit dem **Tag der Einreichung des Gesuchs** um Zahlungsbefehl ein, falls bis dahin die Verjährungsfrist noch nicht abgelaufen war. Da durch die demnächstige Konkurseröffnung das Mahnverfahren unterbrochen wird, eine Aufnahme des Mahnverfahrens im Sinne des § 240 Abs. 1 ZPO., wie sich aus § 688 Abs. 1 ZPO., § 146 KO. ergibt, während des Konkurses nicht möglich ist, die Konkurseröffnung auch nicht als einen Stillstand des Mahnverfahrens im Sinne des § 211 Abs. 2 BGB. bewirkend zu erachten ist, **dauert die Unterbrechung** der Verjährung **bis zur Aufhebung des Konkursverfahrens**. RG. 129, 346. **Erfolgt** die **Zustellung** des Zahlungsbefehls **erst nach der Konkurseröffnung**, so tritt eine **Unterbrechung der Verjährung überhaupt nicht** ein, da die Zustellung der Konkursmasse gegenüber ohne rechtliche Wirkung ist. Das Mahnverfahren wird auch nicht durch die Konkurseröffnung unterbrochen, da vor wirksamer Zustellung von einem anhängigen Verfahren nicht die Rede sein kann. Auch die spätere Anmeldung des Anspruchs zur Konkurstabelle sowie die gegen den Konkursverwalter gerichtete Feststellungsklage sind hinsichtlich der Unterbrechung der Verjährung nicht geeignet, als „demnächstige" Zustellung des Zahlungsbefehls zu gelten und die fehlende wirksame Zustellung des Zahlungsbefehls mit der Wirkung des § 693 Abs. 2 zu ersetzen. RG. 129, 344. — Die Zustellung eines Zahlungsbefehls ist gültig, wenn in dem übergebenen verschlossenen Briefumschlag der Inhalt den gesetzlichen Vorschriften entspricht und nur das Gerichts- oder Dienstsiegel fehlt. RG. 133, 365.

§ 699 ZPO.

S. 869 Anm. 2 Z. 2:

Einen **sachlichen Inhalt erhält** der **Vollstreckungsbefehl** als referierende Urkunde **nur durch den Zahlungsbefehl** und im Zusammenhalt mit ihm. RG. 130, 388.

§ 706 ZPO.

S. 881 Anm. 4 a. E.:

— Eine **Postgebühr** (§ 72 Nr. 1 GKG.) darf von der Partei, der auf ihren Antrag ein **Notfristzeugnis** erteilt und **durch die Post übersandt** wird, **nicht** erhoben werden. RG. 131, 151.

§ 717 Abs. 2 ZPO.

S. 897 Anm. 7 a. E.:

— Als **Leistung zur Abwendung der Zwangsvollstreckung** aus einem auf Zahlung lautenden Urteil kommt **neben der Zahlung** (mit oder ohne Vorbehalt) nach § 713 Abs. 2 **nur Sicherheitsleistung oder Hinterlegung** in Betracht. **Andere Maßnahmen**, die zur Abwendung der Vollstreckung getroffen worden sind (wie z. B. Erklärung der Zahlungseinstellung und Antrag auf Eröffnung des Vergleichsverfahrens), **begründen nicht eine Schadensersatzpflicht** des Gegners nach § 717 Abs. 2, dessen ausdehnende Auslegung nach dem klaren Wortlaut und Sinn ausgeschlossen ist. Eine solche Schadensersatzpflicht könnte nur auf Vorschriften des bürgerlichen Rechts, insbesondere auf ein Verschulden, gestützt werden. RG. 131, 187, vgl. auch Anm. 3 a. E.

§ 726 ZPO.

S. 908 Anm. 4 Z. 4 von oben:

Auch wenn der Zeitpunkt der Fälligkeit nicht kalendermäßig bestimmt ist, aber doch der **Schuldner in einem feststellbaren bestimmten Zeitpunkt erfüllen** soll (z. B. nach Maßgabe eines im Verfahren nach der VerglO. bestätigten Vergleichs) **oder wenn** eine **Verfallklausel vereinbart** ist, ist **zur** Erteilung der **Vollstreckungsklausel nicht** eine zuvorige **Mahnung** des Schuldners **erforderlich**. JW. 30, 736.

§ 726 ZPO.

S. 909 Anm. 7 a. E.:

— Das **Verfahren nach § 726** ist **ein summarisches**, das nur dann das normale Verfahren zur Erlangung der Vollstreckungsklausel in Fällen der hier in Frage kommenden Art, nämlich die Klage aus § 731, ersetzt, wenn der Gläubiger in der Lage ist, den Beweis

(z. B. dafür, daß die Gegenforderung des Schuldners, von deren Tilgung die Vollstreckung abhängt, durch Aufrechnung getilgt sei) in der im § 726 genannten Weise zu erbringen. **Wird der** durch die vorgelegten Urkunden **zu führen versuchte Beweis durch Gegeneinwendungen** des Schuldners **erschüttert, so** kann die Erteilung der Klausel nach § 726 nicht erfolgen, und es steht alsdann dem Gläubiger anheim, die **Erwirkung der Klausel mit der Klage aus** § 731 zu verfolgen. JW. 30, 1588.

§ 727 ZPO.

S. 910 Anm. 1 Z. 2 von unten:

Deshalb ist **dem ursprünglichen Gläubiger,** auf dessen Namen der Titel noch lautet, die **vollstreckbare Ausfertigung selbst dann** zu erteilen, **wenn** es **akten- oder offenkundig** ist, **daß** der **materielle Anspruch** inzwischen **auf einen anderen übergegangen** ist; es muß dem Schuldner oder dem Dritten überlassen werden, im Wege des Angriffs gegen die Vollstreckungsklausel den Übergang des Anspruchs geltend zu machen. JRHR. 30, 1163.

§ 739 ZPO.

S. 921 Anm. 1a Z. 2:

Auch zur Vollziehung eines Arrestes in eingebrachtes Gut der Ehefrau ist **erforderlich, daß** im Arrestbefehl die **Pflicht des Mannes zur Duldung der Arrestvollziehung ausgesprochen** ist. JRHR. 30, 459.

§ 739 ZPO.

S. 921 Anm. 3 Z. 2 von oben:

Zum eingebrachten Gut gehört aber **auch der bloße Besitz der Frau,** mag er Dritten gegenüber berechtigt sein oder nicht. Daher bedarf es zur **Zwangsräumung einer Wohnung,** deren **Alleinmieterin die Ehefrau** ist, eines **Duldungstitels** auch **gegen den Ehemann.** JW. 30, 210.

§ 739 ZPO.

S. 922 Anm. 3 a. E.:

Ein **Titel gegen den Mann als Mit- oder Gesamtschuldner auf Leistung genügt nicht.** JRHR. 30, 459.

§ 741 ZPO.

S. 925 Anm. 5 Z. 2 von oben:

Es ist also zur **Zwangsvollstreckung in das eingebrachte Gut** gemäß § 739 ein **Duldungstitel gegen den Ehemann erforderlich,** und zwar **selbst wenn gegen** die **Ehefrau ein rechtskräftiges Urteil auf Leistung** ergangen ist, da dieses gegen den Ehemann nur soweit wirksam ist, als es sich um das Bestehen der Schuld handelt, und, ob es gegen ihn vollstreckt werden kann, erst im Duldungsprozeß entschieden werden kann. **Solange** ein solcher **Titel gegen** den **Ehemann nicht** vorliegt, kann der **Gläubiger der vom Ehemann** gemäß §§ 774, 771 **gegen die Zwangsvollstreckung** in das eingebrachte Gut **erhobenen Widerspruchsklage** auch den **Einwand, daß das Rechtsgeschäft,** auf das sich der Anspruch gegen die Ehefrau gründet, **gegenüber dem Manne wirksam sei** (z. B. zufolge **Gefahr im Verzuge bei** Abwesenheit **des Mannes** nach §§ 1401, 1399, 1412 BGB.), **nicht** mit Erfolg **entgegensetzen.** W. 30, 141.

§ 766 ZPO.

S. 945 Anm. 1 a. E.:

Über **Erinnerung des Gemeinschuldners gegen** den **Konkursverwalter, weil** dieser einen **Gegenstand** (z. B. eine Heimstätte) mit Unrecht zur **Konkursmasse gezogen** habe, s. RG. 131, 113.

§ 766 ZPO.

S. 946 Anm. 3 Z. 4 von unten:

Erinnerungen, welche sich **gegen** die **Zulässigkeit einer Pfändung** richten (z. B. nach § 865 Abs. 2), muß eine **Aufforderung an den Gläubiger zur Freigabeerklärung**

vorausgehen, sonst fallen die **Kosten** des Erinnerungsverfahrens, wenn in diesem der Gläubiger sofort die Freigabe erklärt, nach § 93 dem Antragsteller zur Last. JW. 30, 773.

§ 766 ZPO.

S. 947 Anm. 8 Z. 2 von unten:

Der **Ehemann der Schuldnerin kann**, wenn die auf die Erinnerung der Schuldnerin ergangene Entscheidung auch gegen ihn wirkt, bei entsprechender Anwendung der Grundsätze über Nebenintervention nach § 66 Abs. 2 **nicht nur seinerseits Erinnerung** einlegen, **sondern auch** gegen den die Erinnerung der Schuldnerin zurückweisenden Beschluß innerhalb der für die Schuldnerin laufenden Beschwerdefrist **aus eigenem Recht** zur Wahrnehmung seiner Interessen **Beschwerde** erheben. JW. 30, 1017.

§ 766 ZPO.

S. 948 Anm. 8 Z. 2 von oben:

Jedoch **kann**, wenn der **Weg des** § 766 **beschritten und** die nach § 793 der sofortigen Beschwerde unterliegende **Entscheidung** (z. B. daß Pfandgegenstände nicht der Immobiliarzwangsvollstreckung unterlägen, weil sie nicht Zubehör des Grundstücks seien) **rechtskräftig** geworden ist, **nicht Klage aus** § 771 mit dem Ziele erhoben werden, um eine entgegengesetzte Entscheidung zu erwirken. JW. 30, 3862.

§ 767 ZPO.

S. 949 Anm. 1 Z. 9 von unten:

Gegen einen **Prozeßvergleich** (§ 794 Nr. 1) können mit der **Vollstreckungsgegenklage nur Einwendungen, die nach** dem **Vergleichsabschluß entstanden sind,** geltend gemacht werden. **Wird** der **Vergleich in seiner Gültigkeit angegriffen,** sei es, weil es an den prozessualen Voraussetzungen eines wirksamen Vergleichsabschlusses fehlen, sei es, weil seine Ungültigkeit sich aus materiellrechtlichen Gründen (z. B. zufolge Anfechtung wegen Irrtums oder arglistiger Täuschung) ergeben soll, so ist ein solcher Angriff **mit** der **Feststellungsklage zu verfolgen.** JW. 30, 175 (s. jedoch Anm. 5 § 794).

§ 767 ZPO.

S. 953 Anm. 6 a. E.:

— Auf **Einwendungen,** die **gegen einen Kostenerstattungsanspruch** geltend gemacht werden, findet, gleichviel ob man den Anspruch schon als mit Beginn des Prozesses (bedingt) oder erst mit dem Erlaß des Urteils entstanden erachtet (s. Anm. 2 § 103), die **Beschränkung des § 767 Abs.** 2 nach dem Sinn und Zweck dieser Präklusivvorschrift **keine Anwendung**; daher kann z. B. die **Einrede der Aufrechnung** gegen den festgesetzten Kostenerstattungsanspruch im Wege der Klage aus § 767 (s. Anm. 2 § 103) geltend gemacht werden, **auch wenn** die **Gegenforderung bereits vor der Kostenfestsetzung bestand.** JW. 30, 1512.

§ 767 ZPO.

S. 954 Anm. 7a Z. 17 von oben:

Beruft sich der Kläger **gegenüber** dem **Urteil, durch das** er **zur Zahlung einer Wechselforderung verurteilt** ist, **darauf, daß ein anderer Wechselschuldner** die **Wechselforderung durch Aufrechnung getilgt** habe, **so** ist die **Klage** mangels der Voraussetzungen des § 767 Abs. 2 auch dann **unzulässig,** wenn der Kläger sich den dem anderen Wechselschuldner, dem Hauptschuldner, schon vor der letzten mündlichen Verhandlung zustehenden Anspruch auf Herausgabe des Wechsels hat abtreten lassen, und gleichviel, wenn die Aufrechnung erklärt worden und ob dem Kläger die Gegenforderung erst nach Erlassung des Wechselurteils bekannt geworden ist. JW. 30, 564.

§ 769 ZPO.

S. 957 Anm. 3 Z. 3 von unten:

Wie jeder Einstellungsbeschluß stellt auch eine solche **Einstellung der Zwangsvollstreckung** (der Pfändung) nicht bloß eine Anweisung an das Vollstreckungsgericht dar, sondern sie **wendet sich an alle Behörden, Beamten und Privatpersonen, die** an der Durchführung der einzustellenden Zwangsvollstreckung **irgendwie beteiligt sind**, und sie alle müssen die Einstellung gegen sich gelten lassen, wenn sie ihnen zur Kenntnis gebracht ist. Daher kann der **Drittschuldner nach Zustellung des Einstellungsbeschlusses nicht mehr mit befreiender Wirkung an den Pfändungsgläubiger zahlen.** Diese Wirkung kann, da die Zwangsvollstreckung ein dem öffentlichen Recht angehörender Staatsakt ist, nur durch einen neuen staatlichen Willensakt, nicht aber durch Parteivereinbarung aufgehoben werden. RG. 128, 83.

§ 771 ZPO.

S. 961 Anm. 1 Z. 31 von oben:

— Dem **Treuhänder, dem** das **Warenlager** des Schuldners **zur Sicherung aller Gläubiger** in einem Vergleich **übereignet** worden ist, **steht** gegen einen das Warenlager pfändenden Gläubiger nach JW. 30, 3363 die **Widerspruchsklage nicht zu**, weil er nur ein formelles, nicht auch ein wirtschaftliches Eigentum an dem Warenlager hat (str.).

§ 771 ZPO.

S. 962 Anm. 3 a. E.:

— Der **Drittschuldner** einer gepfändeten Forderung, der **behauptet, daß** die **Forderung nicht bestehe, macht** damit **nicht ein die Veräußerung hinderndes Recht geltend.** Für ihn kommt daher die Widerspruchsklage aus § 771 nicht in Betracht; vielmehr kann die Frage des Bestehens der gepfändeten Forderung nur in einem Rechtsstreit zwischen Pfändungsgläubiger und Drittschuldner geklärt werden, der bei Klage des Gläubigers auf Leistung, bei Klage des Drittschuldners, sofern die Voraussetzungen des § 256 sonst vorliegen, auf Feststellung des Nichtbestehens der Forderung zu richten ist. Dies gilt im Falle der Pfändung einer **Wechselforderung** nach § 831 (im Wege der Inbesitznahme des Wechsels durch den Gerichtsvollzieher) selbst dann, wenn der angebliche Wechselschuldner behauptet, als Akzeptant mangels eines Begebungsvertrags Eigentümer des Wechselpapiers zu sein, da Gegenstand der Pfändung nicht das Papier, sondern die Forderung aus dem Wechsel ist. JW. 30, 1086.

§ 771 ZPO.

S. 964 Anm. 6 a. E.:

Dem **Eigentümer der gepfändeten, im Gewahrsam des Schuldners belassenen Sache** steht **nicht neben der Klage aus § 771 noch** ein **Herausgabeanspruch nach § 985 BGB. gegen den Pfändungsgläubiger** zu; er kann daher wegen der unrechtmäßigen Pfändung Schadensersatzansprüche gegen den letzteren nicht aus §§ 989ff. BGB., sondern nur aus §§ 823ff. BGB. geltend machen. JRHR. 30, 1215.

§ 771 ZPO.

S. 964 Anm. 6 a. E.:

Will der **Konkursverwalter an einer vor der Konkurseröffnung gepfändeten**, zur Konkursmasse gehörigen **Sache** das **Selbstverwertungsrecht aus** § 127 KO. **ausüben, bestreitet aber** der **Pfändungsgläubiger** die **Befugnis des Konkursverwalters** und verweigert er deshalb die Aufgabe des Pfandbesitzes, so ist **§ 771 entsprechend** dahin **anzuwenden**, daß der Konkursverwalter gegen den Pfändungsgläubiger Klage auf Herausgabe der Sache zum Zwecke der eigenen Verwertung statt der Pfandverwertung durch den Gläubiger erhebt. JW. 30, 280.

§ 771 ZPO.

S. 965 Anm. 7a Z. 14 von oben:

Wenn bei der Zwangsvollstreckung wegen Geldforderungen die Widerspruchsklage den Beginn der Vollstreckung voraussetzt, so ist der Grund hierfür, daß erst von diesem Zeitpunkt an der Gegenstand der Vollstreckung feststeht. Anders verhält es sich **bei der Zwangsvollstreckung** auf **Herausgabe von Sachen oder auf Räumung**; hier steht der

Gegenstand der Vollstreckung bereits nach dem Inhalt des Schuldtitels fest. **Hier genügt es, wenn die Vollstreckung droht,** d. h. der Gläubiger Anstalten getroffen hat, um die Vollstreckung zu betreiben (z. B. Vollstreckungsauftrag erteilt hat). JW. 30, 169.

§ 773 ZPO.

S. 969 Anm. 2 a. E.:

Auch die freiwillige Bestellung einer Sicherungshypothek, die der befreite Vorerbe an einem Nachlaßgrundstück zur Sicherung einer eigenen Schuld vorgenommen hat, muß der Nacherbe, daß sie zum Gegenstand der Zwangsvollstreckung gemacht werde, dulden, und kann er dagegen nicht Widerspruch erheben. RG. 133, 263.

§ 775 ZPO.

S. 970 Anm. 2 a. E.:

— Ein **Vergleich** (z. B. nach Erlaß eines Versäumnisurteils geschlossen) ist, auch wenn er (nach § 794 Nr. 1) einen vollstreckbaren Schuldtitel bildet, **keine gerichtliche Entscheidung im Sinne des § 775 Nr. 1**; der Schuldner ist vielmehr darauf angewiesen, auf Grund des Vergleichs einen **Einwand gegen** die **Zulässigkeit der Vollstreckungsklausel gemäß** § 732 oder auch, wenn er den Vergleich erfüllt hat, einen Einwand im Wege der Vollstreckungsgegenklage gemäß § 767 geltend zu machen und hierbei die Einstellung der Zwangsvollstreckung gemäß § 732 Abs. 2 bzw. § 769 herbeizuführen, die dann freilich von den Vollstreckungsorganen (s. Anm. 1) nach § 775 Nr. 1 befolgt werden muß. JW. 30, 2066.

§ 780 ZPO.

S. 977 Anm. 1 a. E.:

Die **Erben,** die den wegen Todes der Partei gemäß § 246 **ausgesetzten Rechtsstreit aufgenommen und dann das vom Erblasser eingelegte Rechtsmittel zurückgenommen** haben, können **nicht wegen der gesamten Kosten** der Rechtsmittelinstanz **Vorbehalt der beschränkten Erbenhaftung** beanspruchen, sondern **nur soweit, als** sie **in der Person des Erblassers entstanden sind,** die übrigen seit der Aussetzung des Verfahrens entstandenen Kosten gehen nicht zu Lasten des Nachlasses, sondern zu Lasten der Erben persönlich als der zufolge der Rechtsmittelrücknahme unterlegenen Partei. JRHR. (RG.) 30, 455 (W. 30, 24).

§ 788 ZPO.

S. 985 Anm. 1a a. E.:

— Ist der **vollstreckbare Anspruch vor** Erteilung des **Vollstreckungsauftrags erfüllt,** so hat der **Gläubiger die Kosten** der betriebenen Zwangsvollstreckung selbst dann zu tragen, wenn er von der Erfüllung keine Kenntnis gehabt hat. JW. 30, 173.

§ 794 Nr. 1 ZPO.

S. 991 Anm. 1a Z. 4 von unten:

In den Vergleich können wirksam **auch rechtsgeschäftliche Willenserklärungen über** die **grundbuchmäßige Sicherstellung** einer Geldforderung aufgenommen werden. RG. 129, 43.

§ 794 ZPO.

S. 991 Anm. 1a a. E.:

— Unter **gerichtlichen Vergleichen** i. S. des § 794 Nr. 1 sind nicht nur die im ordentlichen Urteilsverfahren, sondern **auch** die **in anderen Verfahren vor Gericht geschlossenen** Vergleiche, so auch Vergleiche **im Verfahren der einstweiligen Verfügung,** welche nicht zugleich die Hauptsache, sondern lediglich eine provisorische Regelung zum Gegenstande haben (z. B. nach Erlaß einer einstweiligen Verfügung gemäß § 627 zur Regelung der Unterhaltspflicht während der Dauer des Eheprozesses und dann Vergleich über die Höhe der Unterhaltsleistung während der Prozeßdauer), zu verstehen. JW. 30, 174 (s. dort auch über die Frage, ob ein solcher Vergleich bei Eintritt veränderter Umstände im Wege des § 323 Abs. 4 oder im Wege des § 927 [s. Anm. 4 dort] oder durch Erlaß einer neuen einstweiligen Verfügung geändert werden kann).

§ 794 ZPO.

S. 994 Anm. 10 a. E.:

Auch eine **Urkunde,** die **nur** ein **einseitiges Vertragsangebot** über einen Anspruch enthält, der die Zahlung einer bestimmten Geldsumme (z. B. zeitlich und ziffermäßig festbegrenzte Rentenzahlungen, Rückzahlung eines zu gewährenden Darlehns) mit Unterwerfungsklausel zum Gegenstand hat, ist ein zur Vollstreckung **geeigneter Titel von dem Gesichtspunkt** aus, daß die Erklärung einen **künftigen, durch die Annahme des Angebots zur Entstehung gelangenden Anspruch** des Angebotsempfängers **zum Gegenstand** und Inhalt hat. Der Notar, der das Vertragsangebot beurkundet hat, und nur dieser oder sein Nachfolger in der Verwahrung der Urkunde (§ 797 Abs. 2) darf aber eine vollstreckbare Ausfertigung erst erteilen, wenn die Annahme des Angebots vor ihm selbst erklärt oder ihm durch öffentliche oder öffentlich beglaubigte Urkunde nachgewiesen wird (§§ 795, 726 Abs. 1). RG. 132, 6.

§ 794 ZPO.

S. 994 Anm. 11 Z. 9:

Vielmehr ist aus § 795 in Verbindung mit §§ 724ff. zu entnehmen, daß **auch** ein **Rechtsnachfolger** (Zessionar) **des** ursprünglichen **Gläubigers** ein **Recht auf vollstreckbare Ausfertigung einer** ohne Zuziehung des Gläubigers **mit** einer **Unterwerfungsklausel aufgenommenen Schuldurkunde** hat. RG. 129, 170 (über die Zweifel, ob auch ein Recht auf eine Ausfertigung des notariellen Protokolls als solchen besteht und ob sich diese Frage nach Landesrecht [z. B. Art. 49 PreußFGG., s. § 797 A. 3] bestimmt, s. dort S. 172).

§ 794 ZPO.

S. 994 Anm. 11 Z. 11 von unten:

Ein **Rechtsschutzbedürfnis zur** Erhebung der **Leistungsklage trotz Besitzes** der **vollstreckbaren Urkunde ist jedenfalls dann** gegeben, **wenn** der **Schuldner materielle Einwendungen erhoben** hat (z. B. daß die Voraussetzungen für den Eintritt der vereinbarten Verfallklausel nicht vorlägen) und der Gläubiger daher ohne weiteres mit der Erhebung einer Vollstreckungsgegenklage rechnen müßte. JW. 30, 148[28] (W. 29, 191).

§ 796 ZPO.

S. 997 Anm. 4 Z. 3 von oben:

§ 796 **Abs.** 2 findet **keine Anwendung, wenn** der **Gläubiger** den **Vollstreckungsbefehl in sittenwidriger Weise** unter Ausnutzung einer Zwangslage des Schuldners (z. B. zufolge Einleitung des Konkurses oder der Zwangsverwaltung) für Ansprüche **erwirkt,** die in **Wirklichkeit** nichtig oder anfechtbar sind. Der Schuldner kann hier auf Grund des § 826 BGB. unbeschränkt mit der Einwendung, daß unter wissentlicher Ausnutzung der Zwangslage vorsätzlich der Schuldtitel verwirkt sei, dessen Herausgabe im Klagewege verfolgen. RG. 132, 273.

§ 800 ZPO.

S. 1002 Anm. 2 a. E.:

Hierdurch ist **nicht ausgeschlossen, daß auch andere Behörden und Urkundsbeamte** als Gerichte und Notare **zu einer dem § 800 entsprechenden Beurkundung** mit Unterwerfung unter die sofortige Zwangsvollstreckung **bei entsprechender gesetzlicher Grundlage** (vgl. § 8 Abs. 3 BankGes. v. 30./8. 24, § 21 Abs. 2 der 1. DurchfBest. z. IndustrieBelG. v. 28./10. 24) **befugt sind.** JRPR. 30, 2023 (Befugnis des Kulturamtsvorstehers dazu auf Grund des § 27 PrSiedlG. und des § 34 PrAG. angenommen).

§ 805 ZPO.

S. 1012 Anm. 6 a. E.:

— Hat der **Vermieter** für seine Mietzinsforderung einen **vollstreckbaren Titel** erlangt und die **seinem Pfandrecht unterliegenden Sachen pfänden lassen,** so erlischt das Vermieterpfandrecht nicht, vielmehr **behält der Vermieter dies Pfandrecht** und **erwirbt** er **daneben das Pfändungspfandrecht.** JW. 30, 2998.

§ 807 ZPO.

S. 1015 Anm. 5 a. E.:

Hatte aber der **Geschäftsführer einer G. m. b. H. bereits vor Einleitung des Verfahrens** auf Ableistung des Offenbarungseides sein **Amt niedergelegt**, so ist er **nicht mehr zur Leistung des Offenbarungseides** für die Schuldnerin **verpflichtet**. JW. 30, 2066.

§ 807 ZPO.

S. 1015 Anm. 5 a. E.:

— Der einen Offenbarungseid leistende **Schuldner** kann sich des **vollendeten Meineids nur schuldig** machen, **wenn** er einen ihm **wirklich zustehenden Vermögensgegenstand nicht angibt**; glaubt der Schuldner irrigerweise an eine rechtlich begründete Vermögenszugehörigkeit, so kann versuchter Meineid in Frage kommen. JW. 30, 2788[16]. — Über **Offenbarungseidespflicht des Konkursverwalters gegenüber Massegläubigern** nach § 60 KO., sobald sich herausstellt, daß die Konkursmasse zur vollständigen Befriedigung aller Massegläubiger nicht ausreicht, s. JW. 30, 2817.

§ 811 ZPO.

S. 1023 Anm. 1a a. E.:

Weiter erklärt § 20 Abs. 1 RHeimstättengeſ. v. 10./5. 20 die **Zwangsvollstreckung in die Heimstätte** wegen einer persönlichen Schuld des Heimstätters für **unzulässig**. Über die Nichtzugehörigkeit der Heimstätte zur Konkursmasse (vgl. Anm. 1b) des Heimstätters s. RG. 131, 113.

§ 811 ZPO.

S. 1023 Anm. 2 Z. 8 **von oben**:

Auch wenn der **Gläubiger** eine von ihm **an den Schuldner unter Eigentumsvorbehalt verkaufte** und übergebene **Sache** auf Grund vollstreckbaren Titels für seine Kaufgeldrestforderung hat **pfänden lassen** (über Pfändung eigener Sachen des Gläubigers s. Anm. 1 § 804), kann der **Schuldner geltend machen**, daß die **Sache**, weil sie ihm **unentbehrlich** sei, der Pfändung nicht unterworfen sei; die dem Gläubiger als **Verkäufer** und Eigentümer nach dem bürgerlichen Recht zustehenden Rechte aus der Nichterfüllung des Kaufvertrages und aus seinem Eigentum bleiben durch die Unpfändbarkeit der Sache unberührt (str.). JW. 30, 177 (1090, 2234, 2804).

§ 811 Nr. 5 ZPO.

S. 1026 Anm. 7 Z. 25:

Abgesehen hiervon kommt es nicht darauf an, ob schon zur Zeit der Pfändung der Umfang des Betriebes ein so beschränkter war, daß er von dem Schuldner persönlich bedient werden konnte und bedient wurde; das **Gesetz will dem Schuldner**, gleichgültig, wie sein Betrieb bis zur Pfändung beschaffen war, **alle diejenigen Gegenstände belassen, welche er braucht, um** den **Betrieb persönlich zu führen**, und ihm so die Möglichkeit offenhalten, für die Zukunft seinen Betrieb wenigstens noch persönlich fortzusetzen, **vorausgesetzt, daß** der **Betrieb** selbst **einer solchen Einschränkung fähig** ist, **und** ferner, daß der **Schuldner** zu eigener **persönlicher Tätigkeit imstande** ist. JW. 30, 1511.

§ 811 Nr. 5 ZPO.

S. 1026 Anm. 7 Z. 9 **von unten**:

, JW. 30, 2880 (**Kraftwagen eines** seine Kundschaft aufsuchenden **Händlers**, eines **Provisionsreisenden**, eines an den Folgen einer Operation kranken **Tierheilkundigen**), JW. 30, 2996 (**Lastkraftwagen eines** auf dem Lande wohnenden **Schweinehändlers**), JW. 30, 3108 (**Maschinen einer** auf den Maschinenbetrieb eingerichteten **Tischlerei**).

§ 811 Nr. 5 ZPO.

S. 1026 Anm. 7 Z. 7 **von unten**:

, JW. 30, 2818 (ein dem Schuldner als Inhaber eines stehenden Gewerbes [Ladengeschäft] gehörendes, zur Einziehung von Außenständen verwendetes **Motorrad**), JW.

30, 2818 (**Inventarstücke** [Ladentisch, Warenregal] eines kleinen Ladengeschäfts), JW. 30, 3350 (**Personenkraftwagen** eines Handelsmäklers).

§ 811 Nr. 8 ZPO.

S. 1028 Anm. 15 a. E.:

— Läßt sich ein Beamter i. R. sein **Ruhegehalt auf** eine **Bank überweisen**, so ist die Forderung aus dem dadurch entstandenen Bankguthaben hinsichtlich der Pfändbarkeit ebenso zu behandeln wie der Anspruch auf die unmittelbare Zahlung des Ruhegehalts durch die staatliche Zahlstelle. JW. 30, 3562.

§ 817 ZPO.

S. 1034 Anm. 1a a. E.:

Bei der **Versteigerung von Flüssigkeiten** (z. B. Bier) in fremden Fässern ist (gemäß § 77 IV, 7 PrGeschAfGB.) in die Versteigerungsbedingungen die Bestimmung aufzunehmen, daß die Fässer alsbald nach der Entleerung, längstens binnen einer festzusetzenden Frist, dem Eigentümer zu übergeben sind, und daß der Ersteher hierfür eine zu bestimmende Sicherheit außer dem Meistgebot dem Gerichtsvollzieher zu leisten hat. JW. 30, 3496.

§ 825 ZPO.

S. 1038 Anm. 2 a. E.:

— Ein **Antrag des Schuldners auf Verwertung** der gepfändeten Sachen **auf andere Weise als durch Versteigerung** betrifft die Art und Weise der Zwangsvollstreckung im Sinne des § 766; daher ist nach § 766 Abs. 1 Satz 2, § 732 Abs. 2 die **Einstellung der Zwangsvollstreckung** bis zur Entscheidung über den Antrag **zulässig**. JW. 30, 1527.

§ 825 ZPO.

S. 1038 Anm. 2 Z. 7 von oben:

In dieser Hinsicht genügt zum **Eigentumserwerb bei Zuschlag** der gepfändeten Sache nach § 825 **an den Pfändungsgläubiger** selbst Übergabe durch Besitzkonstitut gemäß § 930 BGB. hier (s. oben) nicht, wenn der Schuldner dabei im unmittelbaren Besitz bleibt, da die Eigentumsveränderung zu wenig in die äußere Erscheinung tritt. RG. 126, 25, JRHR. 30, 1260.

§ 828 ZPO.

S. 1040 Anm. 1 a. E.:

— **Pfändbar** sind **nur Rechte** im Gegensatz zu tatsächlichen Verhältnissen, **nicht bloße Aussichten**, wie z. B. Zuschüsse zum Ruhegehalt, die bei Bedürftigkeit gewährt werden können. JW. 30, 764, 773.

§ 829 ZPO.

S. 1042 Anm. 1 Z. 1 von oben:

Über **Bedienungsgeld**, das in einem Restaurant als Zuschlag zum Kaufpreis der Waren mit diesem vom Kellner für Rechnung des Wirtes erhoben wird, **als pfändbare Lohnforderung** des Kellners gegen den Wirt s. JW. 30, 2242[4].

§ 829 ZPO.

S. 1045 Anm. 4 Z. 4 von unten:

Wird eine **Geldforderung**, Hypothek oder Grundschuld **wegen einer den Betrag dieser** Rechte **nicht erreichenden Forderung gepfändet**, wie regelmäßig, mit den Inhaltsworten **„auf Höhe von . . .“**, so hat dies die **Bedeutung** einer **Teilpfändung**; die Rechte werden dadurch in einen mit dem Pfändungspfandrecht belasteten Teil und einen pfandfreien Teil zerlegt. JW. 14, 1040, JRHR. 30, 1165 (str., a. M. SeuffA. 72, 244). Wird aber **ohne** einen **einschränkenden Zusatz gepfändet**, so erstrecken sich Pfändung und Pfändungspfandrecht auf das Ganze und der Pfändungsgläubiger hat daher auch das Vorzugsrecht vor dem Überrest, da ihm jeder Teil des Rechtes haftet; im Konkurse erhält er danach die ganze Dividende bis zum Betrage seiner Forderung. OLG. 19, 150.

§ 829 ZPO.

S. 1046 Anm. 5 a. E.:

— An die **genaue Bezeichnung des Drittschuldners** sind **nicht übermäßige Ansprüche** zu stellen; es genügt, wenn erkennbar ist, wer der Drittschuldner ist (z. B. genügt bei Pfändung des Gehalts eines Schauspielers an einem städtischen Theater die Bezeichnung der Intendanz als Drittschuldnerin, während die Stadtgemeinde die eigentliche Drittschuldnerin ist; Zustellung des Beschlusses an die Intendanz nach § 173 wirksam). JW. 30, 1753.

§ 832 ZPO.

S. 1051 Anm. 1 Z. 8 von oben:

Danach liegt eine **gehaltsähnliche, in fortlaufenden Bezügen bestehende Forderung** im Sinne des § 832 vor, wenn die Einnahmen den Zweck haben, wiederkehrend dem Unterhalt des Berechtigten zu dienen und wenn diese Einnahmen auf Grund eines einheitlichen Rechtsverhältnisses zwischen dem Berechtigten und dem Verpflichteten erwachsen. JW. 30, 1433. Daß eine Unselbständigkeit, eine Abhängigkeit des Berechtigten im Verhältnis zum Verpflichteten besteht, ist nicht erforderlich (z. B. fallen auch Provisionsforderungen eines selbständigen Handlungsagenten unter § 832). JW. 30, 1433.

§ 832 ZPO.

S. 1051 Anm. 1 a. E.:

Besteht ein **ständiges Arbeitsverhältnis**, so fallen die Bezüge daraus unter § 832 auch dann, wenn als Vertragsbedingung gesetzt ist, daß der Beschäftigte zwar nur unter bestimmten Voraussetzungen und gegen tageweise Entlohnung, aber mit diesen Maßgaben doch fortlaufend tätig sein soll (wie z. B. ein Reservekraftdroschkenführer). JW. 30, 2094[5].

§ 836 ZPO.

S. 1055 Anm. 2 Z. 3 von oben:

§ 836 Abs. 2 gibt **dem Drittschuldner nur einen Einwand gegenüber dem Schuldner** und setzt zudem voraus, daß eines der prozeßrechtlichen Erfordernisse für die Erlassung des **Überweisungsbeschlusses** fehlte und er demnach **mit Unrecht erlassen** war. JW. 30, 551[12].

§ 836 ZPO.

S. 1055 Anm. 3 Z. 2 von unten:

Ein **Vergleich** des **Schuldners mit dem Pfändungsgläubiger berührt nicht** die **Rechte** eines **späteren Pfändungsgläubigers**. JW. 30, 551[12]. Der **Drittschuldner einer zweimal gepfändeten Forderung** hat, auch **wenn** im Streit zwischen seinem Gläubiger (dem Schuldner) und dem ersten Pfändungsgläubiger ein **Beschluß auf Einstellung** der Zwangsvollstreckung ergangen ist, eine **Zahlung an den ersten Pfändungsgläubiger** nicht mit Wirkung gegen den zweiten Pfändungsgläubiger geleistet, es sei denn, daß nach Beendigung des genannten Streites die Pfändung und Überweisung für den ersten Pfändungsgläubiger bestehen bleibt. JW. 30, 551[12] (630[6]).

§ 848 ZPO.

S. 1068 Anm. 2 Z. 2 von unten:

— Ist nach **Pfändung** des **Anspruchs auf Übertragung** des **Eigentums** an einem von dem Veräußerer an den Pfändungsschuldner selbst aufgelassenen Grundstück auf Bewilligung und Antrag des gemäß § 848 Abs. 2 bestellten Sequesters der **Pfändungsschuldner als Eigentümer** des Grundstücks **und zugleich** die mit dem Übergang des Eigentums auf den Pfändungsschuldner entstehende **Sicherungshypothek** für den Gläubiger **eingetragen** worden, so darf ein **Zweiterwerber**, an den der Pfändungsschuldner das Grundstück inzwischen weiter aufgelassen hat, **als Eigentümer erst eingetragen** werden, **nachdem beide** vorbezeichnete **Eintragungsanträge erledigt** sind, mag auch die Eintragung des Eigentums des Zweiterwerbers früher beantragt worden sein als jene beiden Eintragungen; denn erst nach Eintragung des Eigentums des

Pfändungsschuldners konnte die Eigentumseintragung für den Zweiterwerber erfolgen. JRHR. 30, 2024.

§ 850 ZPO.

S 1071 Anm. 2 Z. 7 **von unten:**

Überhaupt sind die gesetzlichen **Pfändungsbeschränkungen,** da von ihrem Vorliegen abhängt, ob und in welchem Umfang eine Pfändung verboten ist, **von Amts wegen zu berücksichtigen,** wenn sie dem Vollstreckungsgericht in ihren tatsächlichen Voraussetzungen bekannt werden. Vorbem. C, D zum 8. Buch. Dies **gilt auch für die Freilassung des notdürftigen Unterhalts** bei der Pfändung zugunsten eines unehelichen Kindes nach § 4a BeschlagnGes. (s. Anm. 3d). JW. 30, 562.

§ 850 ZPO.

S. 1075 Anm. 3 Nr. 1a Z. 12 **von unten:**

Bezieht der Schuldner **neben** seinem **Arbeitslohn** ein **Ruhegehalt** als früherer Beamter, so sind **die beiden Bezüge zusammenzurechnen,** um den pfändungsfreien Betrag zu bestimmen; es können nicht sowohl von dem Ruhegehalt wie von dem Arbeitslohn die für jeden dieser Bezüge als pfändungsfrei erklärten Beträge der Beschlagnahme entzogen werden. JRHR. 30, 1067.

§ 850 ZPO.

S. 1076 Anm. 3c a. E.:

Nach der ständigen Rechtsprechung des Reichsgerichts **aber** sind derartige **Lohnabmachungen (z. B. zugunsten der Ehefrau des Schuldners) nicht uneingeschränkt** für **unsittlich** zu erklären, dies ist vielmehr nur dann angängig, wenn einem Familienmitglied des Arbeitnehmers ein Lohnteil zugewandt wird, der das Maß dessen übersteigt, was zum Unterhalt des Dienstverpflichteten und seiner Familie bei einer bescheidenen, seinem Stande entsprechenden Lebensführung erforderlich ist. Eine Anfechtung solcher Abmachungen auf Grund des Anfechtungsgesetzes kommt überhaupt nicht in Betracht, weil die Arbeitskraft des Schuldners als solche kein dem Zugriff seiner Gläubiger unterliegender Vermögensgegenstand ist. RG. 69, 62, 81, 42, JW. 12, 689[13], W. 30, 86.

§ 850 ZPO.

S. 1081 Anm. 20 a. E.:

— Die **Bestimmungen** im § 850 Abs. 2 **über** die **Unpfändbarkeit von Beihilfen und Zulagen** finden **auf gewerbliche Arbeiter keine Anwendung;** die in Tarifverträgen vorgesehenen Hausstands- und Kinderzulagen gehören zum Lohn des Arbeiters und sind mit diesem innerhalb der gesetzlichen Pfändungsgrenzen der Pfändung unterworfen. JW. 30, 739[3].

§ 850 Abs. 4 ZPO.

S. 1081 Anm. 21 Z. 7 **von unten:**

Über die **Bemessung des von** dem **Arbeitslohn des Erzeugers** des unehelichen Kindes als **unpfändbar** zu erachtenden **Betrages** vgl. JW. 30, 2802.

§ 850 Abs. 4 ZPO.

S. 1081 Anm. 21 a. E.:

— Die **Forderungen des Abs. 4** kommen, auch soweit sie der Pfändung durch bestimmte Gläubiger freigegeben sind, **für** das **Konkursverfahren** (s. Anm. 1) **nicht in Betracht,** da das Konkursverfahren nach § 1 KO. nur dem allen Gläubigern zugänglichen Vermögen gilt. RG. 131, 116.

§ 851 ZPO.

S. 1082 Anm. 1 Z. 2:

Dies gilt im allgemeinen nach § 412 BGB. auch von dem gesetzlichen Forderungsübergang. Jedoch der im § 1542 RVO. vorgeschriebene gesetzliche **Übergang auf den Versicherungsträger** findet nach Sinn und Zweck dieser Vorschrift **auch** dann statt, **wenn** der betreffende **Anspruch** des (gegen Unfall) Versicherten **unpfändbar ist.** W. 30, 5.

§ 851 ZPO.

S. 1085 Anm. 3 Z. 6 von oben:

Hat der **Schuldner mit** dem **Pächter** seines Grundstücks **vereinbart,** daß die **Zahlung der Pachtzinsen** nicht an ihn, sondern nur **an seinen Gläubiger** zur allmählichen Tilgung dessen Forderung fortdauernd erfolgen solle, so werden zwar dadurch unübertragbare Forderungen nach § 399 BGB. gegen den Pächter begründet; **aber sie** sind nicht **nach** § 851 Abs. 2 der Pfändung unterworfen, wenn die Vereinbarung auch zugunsten des Pächters getroffen war und dieser nicht nur die Pflicht, sondern auch das Recht hatte, daß die Zahlung der Pachtzinsen an keinen anderen als den Gläubiger des Schuldners geleistet werde. JRHR. 30, 1404 (str.).

§ 852 ZPO.

S. 1086 Anm. 2 a. E.:

Aus den Worten „durch Vertrag anerkannt" ist **nicht** zu entnehmen, daß **zur Pfändbarkeit eines Pflichtteilsanspruchs** ein diesen betreffendes **Anerkenntnis im Sinne des § 781 BGB. erforderlich;** vielmehr genügt es nach dem Zweck und der Bedeutung des § 852 (s. Anm. 1a), daß der Pflichtteilsberechtigte und der Pflichtteilsverpflichtete sich über das Bestehen und die Geltendmachung des Pflichtteilsanspruchs, sei es auch nur durch schlüssige Handlungen, verständigt haben. JRHR. 30, 1164 (str.). Sind zwar zur Zeit der Pfändung des Pflichtteilsanspruchs die Voraussetzungen für seine Pfändbarkeit nicht gegeben, treten aber später die Voraussetzungen ein (z. B. vertragliches Anerkenntnis), so wird der Mangel geheilt. JRHR. 30, 1164.

§ 857 ZPO.

S. 1090 Anm. 1 Z. 14 von oben:

, **selbst eine** noch nicht zum Patent angemeldete gewerbliche **Erfindung** als solche, **sofern** sie **bereits in eine äußere Erscheinungsform** (Zeichnungen, Modelle) **gebracht** ist, welche die Absicht der Verwertung erkennen läßt. JW. 30, 2803.

§ 859 ZPO.

S. 1096 Anm. 3 Z. 13 von unten:

Unzulässig ist auch die **Pfändung des** (z. B. gegen den Testamentsvollstrecker dem Schuldner als Miterben nach § 2218 BGB. zustehenden) **Anspruchs auf Rechnungslegung für sich allein,** ohne gleichzeitige oder vorherige Erbteilspfändung, da dieser Anspruch für sich allein nicht übertragbar und daher nach § 851 auch nicht pfändbar ist. JW. 30, 1014.

§ 866 ZPO.

S. 1108 Anm. 6 Z. 4 von unten:

Wenn die **in dem Arrestbefehl festgesetzte Lösungssumme** (§ 923) den Betrag von **500 RM. übersteigt,** kann eine **Arresthypothek zum Höchstbetrage der Lösungssumme** eingetragen werden, auch wenn der Arrestbefehl zur Sicherung mehrerer, je unter 500 RM. zurückbleibenden Forderungen erlassen ist. Hieran wird auch dadurch nichts geändert, daß inzwischen für einzelne der Forderungen oder auch für alle in verschiedenen Verfahren vollstreckbare Urteile erwirkt worden sind, von denen die eine oder die andere unter 500 RM. zurückbleibt; denn die maßgebliche Grundlage für Beurteilung der Zulässigkeit der Eintragung nach § 866 Abs. 3 bildet derjenige vollstreckbare Schuldtitel, auf Grund dessen die Eintragung der Sicherungshypothek erfolgen soll, und dies ist für die Arresthöchstbetraghypothek (§ 932) der Arrestbefehl, sind nicht die vollstreckbaren Urteile. Soll allerdings demnächst diese Hypothek auf Grund der vollstreckbaren Urteile in eine Zwangshypothek umgewandelt werden (s. Anm. 5 § 932), so wird das insoweit abzulehnen sein, als die Forderungen der gesonderten Schuldtitel unter 500 RM. zurückbleiben. Die Umwandlung wäre jedoch zulässig, wenn über die arrestgesicherten Forderungen ein einheitlicher Schuldtitel erwirkt würde. JRHR. 30, 661.

§ 878 ZPO.

S. 1119 Anm. 3a a. E.:

Aus gleichem Grunde liegen, **wenn rechtzeitig Widerspruchsklage** erhoben ist, für eine **Klage des** von dem Widerspruch **betroffenen Gläubigers** auf Feststellung, daß der Widerspruch unbegründet sei, und auf Bewilligung der Auszahlung des hinterlegten streitigen Betrages die Voraussetzungen des § 256 bzw. ein Rechtsschutzbedürfnis **nicht** vor. RG. 131, 206.

§ 878 ZPO.

S. 1121 Anm. 4 Z. 2 von unten:

, welche Anordnung sich aber erübrigt, **wenn das Vollstreckungsgericht bereits** für den Fall, daß der Widerspruch für begründet erklärt werde, die entsprechende **anderweite Verteilung hilfsweise vorgenommen** hat, RG. 127, 287.

§ 883 ZPO.

S. 1124 Anm. 2:

Jedoch **bei einem Anspruch auf Vorlegung** (z. B. von Geschäftsbüchern) **gilt dies nur für besonders gelagerte Fälle** (z. B. wenn der vorzulegende Gegenstand ins Ausland gebracht worden ist); **in einfachen Fällen** besteht kein Bedenken, den **§ 883 entsprechend** anzuwenden. OLG. 14, 187, JW. 30, 2230.

§ 885 ZPO.

S. 1126 Anm. 3 a. E.:

— Über die Frage, **ob** der **Konkursverwalter** auf Grund einer vollstreckbaren Ausfertigung des Konkurseröffnungsbeschlusses **zur** Besitzaufgabe und **Räumung** unbeweglicher Massegegenstände den **Gemeinschuldner** gemäß § 885 **zwingen kann**, vgl. JW. 30, 3866.

§ 890 ZPO.

S. 1137 Anm. 1a a. E.:

Auch **gerichtliche Vergleiche**, die **in** einem **anderen Verfahren als dem ordentlichen Urteilsverfahren** (z. B. im Verfahren der einstweiligen Verfügung während eines Eheprozesses nach § 627) geschlossen sind und in denen sich eine **Partei zur Unterlassung einer Handlung verpflichtet** hat, können nach § 890 zur Vollstreckung gebracht werden, und zwar bei dem Gericht, vor dem der Vergleich geschlossen ist, oder, falls dies in höherer Instanz geschehen ist, bei der untergeordneten ersten Instanz. JW. 30, 657.

§ 894 ZPO.

S. 1145 Anm. 5 Z. 4 von unten:

Besteht die **Gegenleistung bei Verurteilung** zur Bewilligung der Eigentumseintragung in das Grundbuch (**zur Auflassung**) darin, **daß** der **Gläubiger seinerseits eine Rechtseintragung bewirkt**, so **genügt** es zur Erteilung der Vollstreckungsklausel nach §§ 726 Abs. 1, 2, 730, daß **Eintragungsbewilligung des Gläubigers** in öffentlicher oder öffentlich beglaubigter Urkunde dem Grundbuchamt eingereicht oder dem Schuldner zugestellt ist, der dann auf Grund der Bewilligung den Eintragungsantrag stellen kann. JRHR. 30, 1405.

§ 900 ZPO.

S. 1151 Anm. 6 Z. 13 von oben:

Eine **langfristige Vertagung** aber auf Antrag des Schuldners (der z. B. eine Teilzahlung verspricht) ohne Anhörung und Einverständnis des Gläubigers **widerspricht** dem **Wesen des Offenbarungseidverfahrens**. JW. 30, 2817.

§ 900 ZPO.

S. 1152 Anm. 8 Z. 24 von oben:

Ist das **Offenbarungseidverfahren auf Grund** eines **Arrestbefehls** eingeleitet, so können derartige **materiellrechtliche Einwendungen** nur auf dem Wege der §§ 925, 927 verfolgt werden (dies gilt z. B. auch von dem Einwand des Schuldners, daß sämtliche Ansprüche des Gläubigers gegen ihn für einen Dritten gepfändet seien). JW. 30, 1085.

§ 900 ZPO.

S. 1152 Anm. 8 Z. 7 von unten:

Ist das **Offenbarungseidverfahren auf Grund** eines **Arrestbefehls** eingeleitet und **inzwischen im Hauptprozeß** der **Schuldner** klagegemäß **verurteilt, so** steht der **Fortsetzung** des **Offenbarungseidverfahrens nicht entgegen,** daß der Schuldner **Vollstreckungsgegenklage** (z. B. wegen geltend gemachter Aufrechnung) erhoben **und** gemäß §§ 767, 769 **Einstellung** der Zwangsvollstreckung **aus** dem **Urteil des Hauptprozesses erwirkt** hat, da der Arrestbefehl neben letzterem Schuldtitel seine selbständige Wirksamkeit behalten hat; der Schuldner kann nur Aufhebung des Arrestes wegen nunmehrigen Fehlens eines glaubhaft gemachten Arrestanspruchs betreiben. JW. 30, 1085.

§ 903 ZPO.

S. 1155 Anm. 3 a. E.:

Hat der Schuldner den **Eid geleistet, nachdem** er ein **unvollständiges Vermögensverzeichnis** (s. Anm. 3 § 807) vorgelegt hatte, so ist der Gläubiger berechtigt, vor Ablauf von fünf Jahren und ohne Glaubhaftmachung neuen Vermögens ein **neues Offenbarungseidverfahren** zu betreiben. JW. 30, 736.

§ 915 ZPO.

S. 1160 Anm. 6 a. E.:

Vielmehr führen die an die Tatsache der Haftanordnung geknüpfte öffentlich-rechtliche Wirkung der Eintragung in das Schuldnerverzeichnis und das damit verbundene Interesse der Öffentlichkeit an einer genauen Nachprüfung der Rechtmäßigkeit des Haftbefehls zu der Annahme, daß eine **Aufhebung des Haftbefehls und** damit die **Löschung** des Schuldners im Schuldnerverzeichnis, abgesehen von den Fällen der §§ 775 Nr. 1, 3, 776, **nur** zulässig **ist, wenn der Haftbefehl zu Unrecht erlassen** ist; Zahlung der Schuld, Zurücknahme des Offenbarungseidantrages, Verzicht des Gläubigers auf die Rechte aus dem Haftbefehl hindern nur dessen Vollziehung, lassen ihn aber in seinem Bestande unberührt. JW. 30, 3364.

§ 916 ZPO.

S. 1163 Anm. 3 a. E.:

In JW. 30, 1015 (2066) ist auch ein, nachdem die Ehe der Parteien geschieden und der **Ehemann** für allein **schuldig** erklärt worden, das **Urteil** aber **noch nicht rechtskräftig** geworden war, **von der Ehefrau wegen Unterhaltsansprüche** gestellter **Arrestantrag** deswegen abgelehnt, weil die Unterhaltsansprüche nach § 1578 BGB. erst mit der Rechtskraft des Scheidungsurteils zur Entstehung gelangten (str.).

§ 922 ZPO.

S. 1170 Anm. 3 Z. 7 von unten:

Sind die **Kosten des Arrestverfahrens** (durch Urteil) **dem Antragsteller** (z. B. weil er den Arrestgrund nicht hat glaubhaft machen können) **auferlegt,** so bleiben ihm diese Kosten auch dann zur Last, wenn er **demnächst in der Hauptsache** ein **obsiegendes Urteil** gegen den Gegner erstreitet. RG. 130, 220.

§ 923 ZPO.

S. 1171 Anm. 3 Z. 7 von oben:

Dieses auch **für den Gläubiger** vom Arrest unabhängige **Pfandrecht an** dem zur Abwendung des Arrestvollzugs **hinterlegten Betrag** wird **durch** Eröffnung des gerichtlichen **Vergleichsverfahrens** nach der VerglO. **nicht berührt** (str.). JW. 30, 2807 (a. M. 30, 653).

§ 926 ZPO.

S. 1177 Anm. 4 a. E.:

— Die **Hauptklage**, die auch ohne Stellung eines Antrags des Gegners nach § 926 erhoben werden kann, wird im Falle des Erlasses einer einstweiligen Verfügung **auf Verbot der Vornahme einer Handlung nicht** dadurch **gegenstandslos**, daß der **Gegner** dem **Verbot einstweilen nachgekommen** ist, da die einstweilige Verfügung gerade den Hauptprozeß voraussetzt, der den einstweilen geregelten Zustand zu einem dauerhaften machen soll. JW. 30, 1751.

§ 927 ZPO.

S. 1178 Anm. 1 a. E.:

— Eine **besondere Klage** im ordentlichen Verfahren **auf Aufhebung des Arrestes** (der einstweiligen Verfügung, § 936) wegen veränderter Umstände ist **unzulässig**, da im § 927 für diese Aufhebungen das Verfahren besonders geregelt ist, auch hierfür über die Zuständigkeit des Gerichts besondere Vorschriften gegeben sind. RG. 132, 180.

§ 927 ZPO.

S. 1179 Anm. 3 a. E.:

— **Gebühren: Für** den **Antrag auf Aufhebung des Arrestes** (der einstweiligen Verfügung) kann der Anwalt, der die Partei bereits in dem vorangegangenen Arrestverfahren vertreten hat, nach § 28 Abs. 2 RAGebO. **keine neue Gebühr** beanspruchen. JW. 30, 2809.

§ 928 ZPO.

S. 1180 Anm. 2 Z. 12 von unten:

Die **Vollziehung des Arrestes in ein Grundstück**, das auf den Namen **einer** im gesetzlichen Güterstande lebenden **Ehefrau** im Grundbuch eingetragen steht, ist nach § 739 **nur zulässig, wenn** der Arrestbefehl auch die Pflicht des **Ehemannes zur Duldung** der Arrestvollziehung ausspricht, bei Fehlen dieses Titels ist der Vollziehungsakt nichtig. JRHR. 30, 459.

§ 932 ZPO.

S. 1186 Anm. 5 Z. 8:

Nach Letzterem kann die **Arresthöchstbetragshypothek nicht als Gesamthypothek** für den nach § 923 festgestellten Geldbetrag **an den mehreren Grundstücken**, sondern **nur** in der Gestalt von mehreren selbständigen **Einzelhypotheken** für je einen Teil des genannten Betrages an den einzelnen Grundstücken eingetragen werden. RG. 131, 21.

§ 940 ZPO.

S. 1199 Anm. 1 letzte Z.:

So ist der Erlaß einer **einstweiligen Verfügung** für eine bei rechtskräftiger Ehescheidung **für mitschuldig erklärte Ehefrau, die** lediglich einen **Anspruch auf Rückgewähr** des eingebrachten Gutes **geltend macht**, auf Gewährung einer **Unterhaltsrente bis zum Austrage** dieses Rechtsstreites **abzulehnen**. JW. 30, 1015.

§ 941 ZPO.

S. 1202 Anm. 2 Z. 12 von oben:

(Jedoch soll nach JW. 30, 3335 [3867] im Fall einer dem Eigentümer die **Verfügung über** sein **Grundstück verbietenden einstweiligen Verfügung** diese nicht bereits mit dem Eingang des Ersuchens um Eintragung beim Grundbuchamt, wenngleich er als Vollziehung im Sinne des § 929 Abs. 2, 3 gilt, und auch noch nicht mit der Eintragung im Grundbuch, sondern erst mit der Zustellung an den Eigentümer-Schuldner wirksam werden [str.]).

§ 945 ZPO.

S. 1208 Anm. 2 Z. 7 von unten:

Auch **betrifft** der auf § 945 beruhende Anspruch **nur** den **unmittelbaren** aus der Vollziehung der angeordneten Maßregel oder aus der Sicherheitsleistung des Schuldners

entstandenen Schaden, nicht auch die Nachteile, die dem Schuldner daraus erwachsen, daß er unter dem Drucke der Vollstreckungsmaßregel zwecks deren Beseitigung eine Verpflichtung (z. B. zur Zahlung einer Abstandssumme) eingeht. W. 30, 68. Jedoch, wenn die **Arrestvollziehung** zwar **zunächst einen Dritten geschädigt, aber** den **Arrestschuldner** selbst auch **in Mitleidenschaft gezogen** hat (z. B. wenn dem Arrestschuldner Gewinn aus seiner Tätigkeit als Geschäftsführer und Gesellschafter einer Gesellschaft bürgerlichen Rechts, die durch durchgeführte Pfändung des Anspruchs des Arrestschuldners gegen sie auf Herausgabe von Warenbeständen zum Erliegen gekommen ist, entgangen ist), steht dem Arrestschuldner-Schadensersatzanspruch die Mittelbarkeit der Schadenszufügung nicht entgegen. W. 30, 108. Die Schadensersatzpflicht **umfaßt** auch die Erstattung **aller Aufwendungen**, die bei der gegebenen Sachlage für zweckmäßig gehalten werden durften, **um den Schaden oder** dessen **Vergrößerung abzuwenden** (z. B. Reisen zwecks Aufhebung der Arrestvollziehung). RG. 99, 183, W. 14, 159, 30, 108. Ist **auch** ein **Dritter** für den nämlichen Schaden **haftbar** (z. B. der Gerichtsvollzieher wegen Amtspflichtverletzung durch unsachgemäße Verwahrung der in Arrestvollziehung gepfändeten Sache), so haften dieser und der Arrestgläubiger für den Schaden als **Gesamtschuldner.** W. 30, 108.

Vorbem. vor § 1025 ZPO.

S. 1250 Vorbem. 4 Z. 6:

Ist eine vor Gericht erhobene Klage, weil die von dem Beklagten erhobene **Einrede des Schiedsvertrages** für **durchgreifend erachtet** wurde, rechtskräftig abgewiesen worden, so steht **rechtskräftig fest**, daß das **Schiedsgericht zuständig** ist, und ist dies **für** das später mit der **Aufhebungsklage** gegen einen ergangenen Schiedsspruch nach § 1041 befaßte Gericht **bindend.** JW. 30, 656. — Über die Frage, ob unter gewissen Umständen das Schiedsgericht auch über zur Aufrechnung gestellte Gegenforderungen zu entscheiden zuständig ist, s. RG. 133, 17. — Ist die Schiedsgerichtsklausel verbraucht, insbesondere auf Grund richterlicher Entscheidung nach § 1041, so ist eine erneute Einleitung unstatthaft. RG. 41, 398, 108, 379, 114, 170, W. 1911, 143. Wenn aber der Schiedsvertrag alle Streitigkeiten umfaßt, die sich aus einem auf längere Dauer berechneten Vertragsverhältnis ergeben können, dann wird durch das Scheitern des wegen eines bestimmten Streitfalles eingeleiteten Schiedsgerichtsverfahrens die Einleitung eines solchen zur Entscheidung eines neu aufgetretenen Streitfalles nicht gehindert. RG. 133, 19.

§ 1025 ZPO.

S. 1253 Anm. 1 Abs. 1 a. E.:

Insbesondere ist, wie aus §§ 1037, 1041 Nr. 1 zu entnehmen ist, wenn eine Partei die Zuständigkeit des Schiedsgerichts bestreitet, **schon vor Einleitung** eines **Schiedsgerichtsverfahrens** eine **Feststellungsklage** vor dem ordentlichen Gericht, **daß** ein **Schiedsgericht wirksam vereinbart** sei, zulässig. JW. 30, 173. Auch ist die Erhebung einer schon vor der Einleitung oder während des Schwebens eines schiedsgerichtlichen Verfahrens angebrachten Feststellungsklage dahin, daß wegen eines bestimmten streitigen Anspruchs kein Schiedsvertrag bestehe, zulässig, sofern die Voraussetzungen des § 256 vorliegen; dies gilt auch für letztwillig angeordnete Schiedsgerichte, da diese den vertragsmäßigen Schiedsgerichten gleichgestellt sind. RG. 133, 191.

§ 1029 ZPO.

S. 1259 Anm. 5 Z. 3 von oben:

Eine **Anzeige von** der **Ernennung** des Schiedsrichters **an** die **andere Partei** ist **nicht Voraussetzung für** die Wirksamkeit der **Ernennung** (str.). JW. 29, 108[15] (30, 708[9]).

§ 1034 ZPO.

S. 1266 Anm. 1 Z. 5 von oben:

Jedoch die Erlassung eines **Schiedsspruchs in Gestalt** eines **Versäumnisurteils** nach § 331 (unter Zugrundelegung der Geständnisfiktion) ist **unzulässig.** JW. 30, 3364.

§ 1034 ZPO.

S. 1267 Anm. 3 Abs. 1 a. E.:

— Wenn weder die Parteien noch die Schiedsrichter irgendwelche Vorschriften über die Beratung und ihre **Geheimhaltung** getroffen haben, dann muß davon ausgegangen werden, daß es bei dem üblichen Beratungsgeheimnis (s. GVG. § 198 A. 1) sein Bewenden behalten soll. Dann aber ist es **unzulässig**, die **Schiedsrichter über** die Vorgänge bei der **Beratung** und über das Zustandekommen des Schiedsspruchs als **Zeugen zu vernehmen.** RG. 129, 17.

§ 1034 ZPO.

S. 1267 Anm. 3 Abs. 2 Z. 5 von oben:

Insoweit **können** die **Schiedsrichter von** der **Anwendung des sachlich** nach dem Gesetz an sich **maßgebenden Rechts** durch die Parteien **entbunden werden**; dabei kann der freien Rechtsfindung mehr oder weniger auch Raum gegeben werden. JRHR. (RG.) 30, 460.

§ 1037 ZPO.

S. 1269 Anm. 2 a. E.:

Über Feststellungsklage vor dem ordentlichen Gericht schon vor Einleitung eines Schiedsgerichtsverfahrens, daß durch Schiedsrichter zu entscheiden sei, s. § 1025 Anm. 1 Abs. 1 a. E.

§ 1041 ZPO.

S. 1277 Anm. 3 Z. 4 von oben:

An die **Auffassung des Schiedsgerichts über** die **Gültigkeit des Schiedsvertrages** ist das **Gericht nicht gebunden.** JRHR. (RG.) 30, 1547.

§ 1041 ZPO.

S. 1278 Anm. 4 Z. 15 von oben:

Verboten sind nicht bloß Handlungen, die gegen ein ausdrückliches Verbotsgesetz verstoßen, sondern auch solche, deren Verbotswidrigkeit sich mittelbar aus den Grenzen der Zulässigkeit und Wirksamkeit einer Rechtshandlung ergibt. RG. 57, 334. **Auch nicht erzwingbare Handlungen** (RG. 112, 279) gelten als verboten. RG. 26, 376. Unzulässig und unwirksam ist es z. B., wenn sich ein Gesellschafter einer Gesellschaft m. b. H. einem anderen Gesellschafter gegenüber verpflichtet, in der Gesellschafterversammlung für die Bestellung einer bestimmten Person zum Geschäftsführer zu stimmen, und die schiedsrichterliche Verurteilung zu der vereinbarten Abstimmung enthält eine Verurteilung zur Vornahme einer verbotenen Handlung. RG. 131, 179.

§ 1042 ZPO.

S. 1283 Anm. 3 a. E.:

— Liegt zwar ein Aufhebungsgrund nach § 1041 nicht vor, sind aber aus dem Schiedsspruch selbst **Unrichtigkeiten** ersichtlich oder bedarf der Spruch, um ihn verständlich zu machen, einer Erläuterung, so kann eine **Änderung oder Ergänzung des Schiedsspruchs** durch das Gericht **im Verfahren der Vollstreckbarerklärung** erfolgen. JRHR. (RG.) 30, 1269.

§ 1048 ZPO.

S. 1294 Anm. 1 Z. 1 von oben:

Nichtvertragliche, sog. **institutionelle, Schiedsgerichte auf Grund privater Autonomie** eingesetzt. JW. 30, 3490.

§ 1048 ZPO.

S. 1294 Anm. 1 Z. 2 von oben:

Ferner in **Vereinssatzungen**, in **Satzungen von Aktiengesellschaften, Genossenschaften** und **Gewerkschaften, vorausgesetzt**, für die zulässige Einsetzung **Privatautonomie auf dem betreffenden Gebiet**, die sich nach materiellem Recht richtet. Zulässig ist z. B. eine Vereinssatzung dahin, daß für Streitigkeiten zwischen dem Verein als solchem und seinen

Mitgliedern über Mitgliedschaftsrechte und -pflichten ein Schiedsgericht bestimmt wird. JW. 30, 3490.

§ 1048 ZPO.

S. 1294 Anm. 1 Z. 6 von oben:

Die Bestimmung einer Vereinssatzung aber, wonach sich die streitenden Vereinsmitglieder für Streitigkeiten aus ihrem Geschäftsverkehr miteinander einem Schiedsgericht unterwerfen, ist als rechtswirksame Anordnung eines (allgemeinen) Schiedsgerichts nicht anzuerkennen; vielmehr ist die Ausschaltung der ordentlichen Gerichtsbarkeit hier nur auf dem Wege der Befolgung der genannten Bestimmung der Vereinssatzung durch Anrufung des bereitgestellten Schiedsgerichts und die darin liegende fallweise Vereinbarung der Schiedsgerichtszuständigkeit zu erreichen. JW. 30, 3490.

§ 13 GVG.

S. 1312 Anm. 2 Z. 6 von oben:

Durch Parteivereinbarung kann die **Entscheidung** einer **bürgerlichen Rechtsstreitigkeit nicht einer Verwaltungsbehörde** unter Ausschluß des Rechtswegs **übertragen** werden. JRHR. 30, 236.

§ 13 GVG.

S. 1312 Z. 12 von oben:

Desgleichen handelt es sich **nicht** um die **Zulässigkeit des Rechtswegs, sondern** um die **sachliche Zuständigkeit** des angerufenen Gerichts, **wenn** der **beklagte außerdeutsche Staat** (der sich nicht der inländischen Gerichtsbarkeit unterworfen hat) **geltend macht, daß** er nach den Grundsätzen des Völkerrechts **nicht** der **inländischen Gerichtsbarkeit unterliege.** JRHR. (RG.) 30, 1645.

§ 13 GVG.

S. 1312 Z. 22 von oben:

Über öffentlich-rechtliche Ansprüche (z. B. aus der Heranziehung zu staatlichen Abgaben) können die ordentlichen **Gerichte grundsätzlich nur** dann entscheiden, **wenn** sich ihre Zuständigkeit aus den **Reichsgesetzen** im allgemeinen oder aus den **Gesetzen des** in Frage kommenden **Landes** ergibt. RG. 92, 313, 93, 203, 130, 327.

§ 13 GVG.

S. 1312 Z. 27 von oben:

Nur **Ansprüche gegen öffentliche Beamte wegen Amtspflichtverletzungen** sind ohne Rücksicht auf die Natur des bei der Amtshandlung in Frage kommenden Rechtsverhältnisses bürgerliche Rechtsstreitigkeiten, für die der Rechtsweg zulässig ist. RG. 130, 321 nebst Nachweisen.

§ 13 GVG.

S. 1312 Z. 27 von oben:

Auch für **Ansprüche aus öffentlich-rechtlichen Handlungen einer Behörde** ist der Rechtsweg selbst dann nicht gegeben, wenn die Behörde den Sachverhalt in einer irrtümlichen oder sonst zu mißbilligenden Weise beurteilt hat oder auch rein willkürlich verfahren ist, es sei denn, daß der Anspruch auf Wiederherstellung verletzter Privatrechte gerichtet ist. RG. 130, 290 nebst Nachweisen.

§ 13 GVG.

S. 1312 Anm. 2 Z. 20 von unten:

So ist z. B. der Rechtsweg zulässig für die **Rückforderung** eines Geldbetrags, dessen **Zahlung** das **Wohnungsamt** bei Zuweisung einer Wohnung dem Mieter durch privatrechtlichen Vertrag **auferlegt** hat, RG. 118, 109, W. 30, 71, sowie für den Anspruch auf Erfüllung der durch privatrechtlichen Vertrag übernommenen **Verpflichtung** eines Grundstückseigentümers, dem **Wohnungsamt Räume in einem Neubau zur Verfügung zu stellen** gegen Freistellung anderer Räume von der Beschlagnahme, RG. 118, 379.

§ 13 GVG.

S. 1313 Anm. 2 Z. 26 **von oben:**

Ferner ist der Rechtsweg zulässig für die **Rückforderung eines Steuerbetrages, wenn** die **Veranlagung willkürlich** ohne gesetzliche Grundlage erfolgt ist. RG. 78, 420, 105, 39, 118, 229, W. 30, 177.

§ 13 GVG.

S. 1314 Anm. 2 Z. 8 **von oben:**

Auch ist, wie nach § 227 RAbgO. ein Streit über die Rückforderung bezahlter Steuern dem Rechtsweg entzogen ist, für den **Anspruch auf Ersatz des Wertes eines dem Steuerschuldner vom Finanzamt** zwangsweise **entzogenen Vermögensstückes** gegen das Reich der Rechtsweg ausgeschlossen, auch wenn der Anspruch **auf ungerechtfertigte Bereicherung gestützt** ist. JRHR. (RG.) 30, 246.

§ 13 GVG.

S. 1314 Z. 8 **von oben:**

Auch ist für eine **Klage gegen eine Körperschaft des öffentlichen Rechts** (z. B. einer Handwerkskammer) **auf** Widerruf und fernere **Unterlassung von Verlautbarungen im Interesse des Gemeinwohls** der Rechtsweg nicht deswegen gegeben, weil geltend gemacht wird, die Körperschaft habe durch die amtlichen Verlautbarungen dem Kläger gegenüber eine unerlaubte Handlung begangen (anders verhält es sich mit dem Anspruch auf Ersatz des angeblich durch die Verlautbarungen zugefügten Schadens, dieser ist privatrechtlicher Natur). W. 29, 143.

§ 13 GVG.

S. 1314 Z. 22 **von oben:**

So, wenn ein **rein öffentlich-rechtlicher Anspruch** 'auf Vornahme einer Handlung (z. B. Unterbringung eines Taubstummen in eine Anstalt) **in der Einkleidung als Anspruch auf Befreiung von** deren **Kosten** eingeklagt wird. RG. 130, 270.

§ 13 GVG.

S. 1314 Z. 27 **von oben:**

, wie letzteres z. B. der Fall ist, wenn der **Kläger,** der eine **Steuer übernommen** hat, **deren Schuldner er nicht war,** und für die er eine Hypothek hat eintragen lassen, auf Löschung der Hypothek wegen ungerechtfertigter Bereicherung klagt, weil die Steuerschuld nicht bestehe, RG. 129, 97.

§ 13 GVG.

S. 1314 Z. 18 **von unten:**

Auch bei einem **Anspruch auf Entschädigung wegen Entziehung** eines **staatlich gewährten Privilegs** (z. B. der Gewerbefreiheit für ein konzessioniertes Eisenbahnunternehmen) gegen diesen Staat handelt es sich um eine bürgerliche Rechtsstreitigkeit, selbst wenn das Privileg durch Gesetz des Staates entzogen worden ist. RG. 130, 316.

§ 13 GVG.

S. 1319 Anm. 2b Z. 3:

RG. 128, 146 (**auf Schenkungsurkunde** gegründeter **Anspruch gegen** eine **Stadtgemeinde auf Bestellung eines Anstaltsleiters** mit bestimmter Eigenschaft).

§ 13 GVG.

S. 1320 Z. 9 **von oben:**

RG. 131, 264 (Streit über **Gebührenzahlung an** eine **Stadtgemeinde für** die **Benutzung des Luftraums über** einer **öffentlichen Straße** durch Lichtwerbeanlage im französischrechtlichen Teile der Rheinprovinz).

§ 13 GVG.

S. 1320 zu Kleinbahngeſ.:

RG. 128, 126 (**Privatanſchlußbahnen,** die **den Belangen der Allgemeinheit** zu **dienen** beſtimmt ſind).

§ 13 GVG.

S. 1321 Z. 25 von oben:

RG. 129, 287 (Anſprüche eines **Rentenbriefgläubigers gegen** den **Staat aus** deſſen **Garantie für** die **Erfüllung** der den Rentenbanken auferlegten Verpflichtungen), RG. 129, 366 (Anſpruch **aus** einem **Rentengutsvertrag auf Herausgabe der Siedlungsſtelle**).

§ 13 GVG.

S. 1322 Anm. 2 Z. 21 von oben:

W. 30, 61 (eine unter Art. 17 Abſ. 1 Staatsgeſ. v. 8./4. 24 fallende **öffentlich-rechtliche kirchliche Baulaſt**).

§ 13 GVG.

S. 1322 Z. 7 von unten:

RG. 128, 60 (Klage einer **Stadtgemeinde gegen** ihren **Kommunalbeamten auf Räumung der Dienſtwohnung**).

§ 13 GVG.

S. 1323 Anm. 3 Z. 13 von oben:

Reichsaufſichtsamt für **Privatverſicherung,** RGeſ. v. 12./5. 1901 (ſ. dazu RG. 131, 363).

§ 16 GVG.

S. 1328 Anm. 1 a. E.:

Da ſonach § 17 Abſ. 1 nicht dem Schutz der Verfaſſung unterſteht, war es z. B. rechtlich **möglich,** die **Entſcheidung über** die **Abfindung** aus der VO. über das Belaſſen von **Befeſtigungsanlagen** v. 13./2. 24 derart **in die Hand einer Verwaltungsbehörde zu legen,** daß die ordentlichen Gerichte nicht darüber zu befinden haben. RG. 132, 248.

§ 24 GVG.

S. 1339 Anm. 1 Z. 3 von oben:

Im Falle des **Zuſammenhangs** einer **Jugendſache mit** einer **Strafſache gegen Erwachſene** iſt auch in den unter die §§ 25, 26 fallenden Strafſachen **nicht der Amtsrichter allein zuſtändig, ſondern** ebenfalls das **Schöffengericht,** freilich ohne Jugendſchöffen, vielmehr **in der gewöhnlichen Beſetzung.** JW. 30, 3449.

§ 24 GVG.

S. 1339 Anm. 1 a. E.:

— **Ergibt ſich** aus dem Inhalt des Eröffnungsbeſchluſſes, daß **für** die **Strafſache** ein **höheres Gericht zuſtändig** und das Hauptverfahren nur aus Verſehen von dem Gericht niederer Ordnung eröffnet worden iſt, ſo hat dieſes **Gericht** ſchon **nach Verleſung des Eröffnungsbeſchluſſes** ſich **für unzuſtändig zu erklären.** RG. 8, 251, 9, 327, 41, 408. Tritt ein die höhere Zuſtändigkeit begründender Umſtand **erſt in der Hauptverhandlung hervor** oder war der Umſtand zwar ſchon früher bekannt, aber iſt unter Außerachtlaſſung der Vorſchriften über die ſachliche Zuſtändigkeit das Hauptverfahren vor dem Gericht niederer Ordnung eröffnet worden, ſo hat das **Gericht,** ohne daß es der Erhebung aller Beweiſe für die Schuld des Angeklagten bedarf, **ſich,** ſobald in der Verhandlung ein die höhere Zuſtändigkeit begründender Verdacht ſich ergibt, **für unzuſtändig zu** erklären und die Sache an das zuſtändige Gericht zu verweiſen. **Dies gilt auch für** die **Fälle,** in denen die **Sache an das Schwurgericht** (§ 80) verwieſen wird **und** eine **Vorunterſuchung nicht** ſtattgefunden hat. RG. 64, 179.

§ 25 GVG.

S. 1341 Anm. 6 Z. 2:

Die durch einen staatsanwaltschaftlichen Antrag begründete **Zuständigkeit des Amtsrichters** wird **durch** die **Unterlassung der Zustellung** der **Anklageschrift nicht in Frage** gestellt. JRHR. 30, 680.

§ 26 GVG.

S. 1342 Anm. 2 Z. 2:

Stellt sich erst **in der amtsgerichtlichen Hauptverhandlung heraus**, daß **nicht**, wie bisher angenommen, **einfacher Diebstahl, sondern schwerer Diebstahl im Rückfall** vorliegt, so bleibt der Amtsrichter zuständig, wenn der Staatsanwalt Entscheidung durch den Amtsrichter beantragt und der Angeklagte sich damit einverstanden erklärt. JRHR. 30, 2185.

§ 33 GVG.

S. 1346 Anm. 4:

An Gebrechen, welche die Aufnahmefähigkeit des Schöffen ausschließen (z. B. sein festes Einschlafen in der Hauptverhandlung bewirken) ist in Nr. 4 § 33 nicht gedacht. JW. 30, 1104[4].

§ 45 GVG.

S. 1351 Anm. 2 a. E.:

Beim Fehlen näherer gesetzlicher Vorschriften ist anzunehmen, **daß** der Gesetzgeber die **Art der Auslosung der Hauptschöffen** dem **pflichtmäßigen Ermessen** des Auslosungsleiters **überlassen** wollte. JW. 30, 2590 (JRHR. 30, 1565).

§ 62 GVG.

S. 1358 Anm. 2 Z. 1 **von oben:**

Jeder Senat (jede Kammer), **auch ein** nur **als vorübergehende** Einrichtung **gedachter Hilfssenat** (Hilfskammer) **muß** einen **Senatspräsidenten** (Landgerichtsdirektor) **zum Vorsitzenden haben**; Bestellung eines Oberlandesgerichtsrats (Landgerichtsrats) zum Vorsitzenden ist unzulässig. JRHR. (RG.) 30, 1855. — Aus den §§ 62ff. ist nicht zu entnehmen, daß einer Zivilkammer nur soviele Richter zugeteilt werden dürfen, als zur Entscheidung erforderlich sind, noch, daß bei einer größeren Zahl von Richtern das Präsidium die Reihenfolge ihrer Mitwirkung regeln muß. RG. 130, 29.

§ 62 GVG.

S. 1359 Anm. 2 Z. 10 **von oben:**

Durch die **Tätigkeit als Reichstags- oder Landtagsabgeordneter** ist der **ordentliche Vorsitzende nicht dauernd** an Führung des Vorsitzes **verhindert,** da er stets in der Lage ist, seine Vorsitztätigkeit auszuüben, wenn und soweit ihm seine Tätigkeit als Abgeordneter dazu Zeit läßt. RG. 131, 32.

§ 62 GVG.

S. 1359 Anm. 2 Z. 32 **von oben:**

So steht nichts entgegen, daß der Vorsitzende (Direktor, Präsident) sich **schon vor Beginn des Geschäftsjahrs für bestimmte Terminstage** im voraus **für behindert erklärte** und daß er dann im Laufe des Geschäftsjahrs im Wege des inneren Dienstes bestimmte Prozeßsachen auf die Terminstage ansetzte, an denen er jeweils verhindert war, zumal, wenn er selbst die Termine ansetzte und die Verteilung vornahm, mochten auch diese Prozeßsachen die einzigen sein, die neben anderen eine mündliche Verhandlung nicht erfordernden Geschäften der Kammer (dem Senat) zugeteilt waren, so daß er im Laufe des Geschäftsjahrs tatsächlich nur an Tagen ohne mündliche Verhandlung den Vorsitz führte. RG. 130, 154.

§ 66 GVG.

S. 1362 Anm. 1 a. E.:

Beim **Ausscheiden des** ordentlichen Vorsitzenden infolge seines **Übertritts in** den **Ruhestand** oder infolge seines **Todes** (s. oben) ist, wenn sich die **Wiederbesetzung der Stelle**

verzögert, bei der Prüfung der Frage, ob eine Verletzung des § 66 Abs. 1 Satz 1 vorliegt, den Gründen der Verzögerung nachzugehen. Handelt es sich um die Schaffung eines nur vorübergehenden, nicht eines dauernden Zustandes, so ist eine Verhinderung und damit die Zulässigkeit einer Vertretung (§ 66 Abs. 2) zu bejahen; zu verneinen ist sie nur dann, wenn sich ergibt, daß mit der Verzögerung oder sogar mit der Unterlassung der Wiederbesetzung der Stelle aus irgendeinem Grunde eine Umgehung der §§ 62, 66 beabsichtigt ist. RG. 62, 273, 64, 6, JW. 30, 2793[26].

§ 71 GVG.

S. 1366 Anm. 3 a. E.:

— **Für Klagen auf Feststellung der Nichtigkeit von Generalversammlungsbeschlüssen** einer Aktiengesellschaft oder einer Ges. m. b. H. nach § 256 gilt **nicht** die obengenannte **ausschließliche Zuständigkeit der Landgerichte** für die Anfechtungsklage gegen solche Beschlüsse, vielmehr ist je nach dem Wert des Streitgegenstandes das Amts- oder das Landgericht sachlich zuständig. JW. 30, 2704[33] mit Nachweisen.

§ 71 GVG.

S. 1367 Anm. 6 a. E.:

— **Voraussetzung** für die **ausschließliche Zuständigkeit des Landgerichts** ist, daß der **Reichsbeamte in Ausübung der ihm anvertrauten öffentlichen Gewalt eine Amtspflicht verletzt hat.** Diese Voraussetzung liegt z. B. **nicht** vor, wenn ein **Postbeamter** einem **Postscheckkontoinhaber gegenüber** Amtshandlungen vorzunehmen hatte, die lediglich den zwischen dem Kontoinhaber und der Reichspost abgeschlossenen Postscheckvertrag betrafen, wobei ihm ein Versehen unterlaufen ist; denn diese Amtshandlungen betrafen das rein privatrechtliche Verhältnis zwischen Kontoinhaber und Reichspost und hatten keinerlei Beziehungen zu dem Gebiete staatlicher Hoheitsrechte. RG. 130, 402.

§ 77 GVG.

S. 1374 Anm. 2:

Die Mitwirkung des Amtsrichters (§§ 39ff.), des Präsidenten des Landgerichts und des Vorsitzenden der Strafkammer **bei der Besetzung der Strafgerichte** mit Schöffen und Geschworenen, insbesondere auch ihre **Beeidigung, ist keine rechtsprechende Tätigkeit,** sondern eine Befassung mit Geschäften der Justizverwaltung. JRHR. (RG.) 30, 942.

§ 105 GVG.

S. 1390 Anm. 1a a. E.:

Die Bestellung eines zeitweiligen Vertreters des Vorsitzenden der KfHS. durch den Landgerichtspräsidenten ist dann unzulässig, wenn der ständige Vertreter des Vorsitzenden im Wege des allgemeinen Geschäftsverteilungsverfahrens **völlig** für andere Geschäfte als die der KfHS. in Anspruch genommen wird. JW. 30, 2989.

Vorbem. vor § 156 GVG.

S. 1419 Vorbem. 1 Abs. 3 a. E.:

Das Ersuchen des **Finanzamts** in einer **Steuerstrafsache um Vernehmung des Beschuldigten** ist auch **kein Ersuchen um Rechtshilfe** im Sinne der §§ 156ff., sondern steht mit einer Abweichung hinsichtlich des zuständigen Amtsgerichts (§ 407 Abs. 3 RAbgO.) dem Ersuchen der Staatsanwaltschaft um Vornahme einer richterlichen Untersuchungshandlung gleich. Gegen Ablehnung des Ersuchens steht die Beschwerde nach § 304 StPO. offen. JRHR. 30, 1566.

§ 158 GVG.

S. 1427 Anm. 5 Z. 3 von oben:

Das **Ersuchen um Vernehmung des Angeklagten** über die Anklage, falls dieser einen **Antrag auf Entbindung von** der Verpflichtung zum **Erscheinen** in der Hauptverhandlung nach § 233 StPO. stelle, darf nicht deshalb abgelehnt werden, weil nach der (sei es auch zutreffenden) Ansicht des ersuchten Richters die Voraussetzungen für einen Antrag aus § 233 StPO. nicht vorlägen. JW. 30, 2815.

§ 169 GVG.

S. 1432 Anm. 2 Z. 15 von oben:

Insbesondere ist die **Entfernung** einer der Verhandlung als **Zuhörer** beiwohnenden Person **aus anderen als den** aus den **§§ 175—178 sich ergebenden Gründen** auch unter dem Gesichtspunkt der Handhabung der Sitzungspolizei im Gesetz nicht vorgesehen, also **nicht zulässig.** RG. 64, 386.

§ 170 GVG.

S. 1432 Anm. 2 Satz 1 hinter „§ 172":

In diesem Falle muß der dem § 172 entsprechende **Grund der Ausschließung** der Öffentlichkeit **angegeben** werden. RG. 128, 216.

§ 172 GVG.

S. 1433 Anm. 3 vor „Preußen":

Aber die **Angabe eines Grundes der Ausschließung** der Öffentlichkeit überhaupt ist **zwingend** vorgeschrieben (§ 174 Abs. 1 S. 3). Die Unterlassung der Angabe stellt einen absoluten Revisionsgrund nach § 551 Nr. 6 ZPO. oder nach § 338 Nr. 6 StPO. dar. RG. 128, 217.

§ 176 GVG.

S. 1436 Anm. 2 Z. 5 von oben:

Eine vom Vorsitzenden getroffene **Anordnung,** daß zur Vermeidung von Verhandlungsstörungen das **Betreten und Verlassen des Zuhörerraums nur in den Pausen** zwischen den einzelnen Vernehmungen oder sonstigen Prozeßhandlungen geschehen dürfe, steht im Rahmen der dem Vorsitzenden nach § 176 zustehenden Befugnisse und enthält auch keine unzulässige Beschränkung der Öffentlichkeit der Verhandlung (§ 172). JRHR. (RG.) 30, 466.

§ 178 GVG.

S. 1437 Anm. 4 Z. 3 von oben:

Ferner **Erscheinen des Angeklagten in unangemessener Kleidung** (im Sporthemd ohne Rock). JW. 30, 3431.

§ 182 GVG.

S. 1439 Anm. 5 Z. 3 von oben:

Die Aufnahme der Beschlußformel über die Bestrafung wegen Ungebühr in das Protokoll genügt nicht, auch wenn daneben die Begründung für den Beschluß mündlich verkündet wird; vielmehr **müssen** die **Vorgänge, welche Veranlassung zu der Bestrafung gegeben** haben, **zum Protokoll festgestellt werden.** JW. 30, 3432.

§ 193 GVG.

S. 1445 Anm. 3a Z. 5 von oben:

Jedoch ist namentlich in Strafsachen die **Möglichkeit** nicht auszuschließen, daß, auch wenn der anwesende **Nichtberechtigte** sich an der Beratung und Abstimmung nicht beteiligt hat, doch durch seine **bloße Anwesenheit** die **Richter** und **besonders** die **Schöffen** oder die **Geschworenen,** schon weil sie vielleicht besorgten, daß durch ihn über die Vorgänge im Beratungszimmer etwas nach außen dringen könne, **irgendwie beeinflußt** worden sind, daß also das Urteil auf der Verletzung des § 193 beruht. RG. 64, 168.

§ 198 GVG.

S. 1447 Anm. 1 Z. 2 von oben:

Auch Schiedsrichter haben mangels besonderer Vereinbarungen der Parteien des Schiedsvertrages das **Beratungsgeheimnis zu wahren**; ihre Vernehmung als Zeugen über Beratungs- und Abstimmungsvorgänge ist unzulässig (s. Anm. 2). JW. 30, 2534[8].

§ 7 EntlVO.

S. 1458 Anm. 6 a. E.

Werden den Parteien Urteilsausfertigungen erteilt, obwohl die Zustellung der Urteilsformel unterblieben ist, so ist die Berufung der unterlegenen Partei gegen das Urteil zulässig, um zur Vermeidung der Vollstreckung den Mangel der Verkündung geltend zu machen. JW. 29, 1672. — Ist auf Grund einer mündlichen Verhandlung ein Urteil erlassen, so muß es nach § 310 verkündet werden; die nach § 7 EntlVO. von Amts wegen erfolgte Zustellung des Urteils genügt auch dann nicht, wenn der Vorsitzende erklärt, es werde im vorherigen Einverständnisse der Parteien die Entscheidung schriftlich zugestellt werden. RG. 133, 215.

Gedruckt bei A. W. Hayn's Erben, Potsdam.

FSC
www.fsc.org
MIX
Papier | Fördert
gute Waldnutzung
FSC® C083411

Kolibri 360 GmbH
Ferdinand-Jühlke-Straße 7
99095 Erfurt, Deutschland
produktsicherheit@kolibri360.de